Christian Cebulj, Johannes Flury (Hg.)

Heimat auf Zeit

TVZ

Christian Cebulj
Johannes Flury (Hg.)

Heimat auf Zeit

**Identität als Grundfrage
ethisch-religiöser Bildung**

EDITION **N Z N**
BEI **T V Z**

Theologischer Verlag Zürich

Forum Pastoral 6

Die Deutsche Bibliothek – Bibliografische Einheitsaufnahme
Die Deutsche Bibliothek verzeichnet diese Publikation in der Deutschen Nationalbibliografie;
detaillierte bibliografische Daten sind im Internet über http://www.dnb.de abrufbar.

Umschlaggestaltung: Simone Ackermann, Zürich
Satz und Layout: Claudia Wild, Konstanz
Druck: ROSCH-Buch Druckerei GmbH, Scheßlitz

ISBN 978-3-290-20079-4

© 2012 Theologischer Verlag Zürich
www.edition-nzn.ch

Inhaltsverzeichnis

Zur Einleitung: Identität als «Heimat auf Zeit»

Wer bin ich? Seit Beginn der neuzeitlichen Geschichte der Philosophie stellen Menschen mit diesen Worten die Frage nach der eigenen *Identität*. Sie ist eine zentrale Frage in Pädagogik, Theologie und allen am Identitätsdiskurs beteiligten Disziplinen und fordert jede Epoche zu neuen Antwortversuchen heraus. In Zeiten religiöser und kultureller Pluralisierung wird die Suche nach Identität zunehmend komplexer. Die klassische Identitätsfrage: Wer bin ich? stellt sich in unserer Gegenwart auf zugespitzte Weise – wer bin ich in einer Welt der Postmoderne, deren Grundriss sich unter den Bedingungen der *Individualisierung, Pluralisierung* und *Globalisierung* schnell und tief greifend verändert?

Der vorliegende Sammelband versteht sich als Beitrag zur Profilierung der Identitätsfrage. Dem Facettenreichtum der Identitätsthematik entsprechend ist er interdisziplinär angelegt. Dass die pädagogischen und theologischen Aspekte dabei ein besonderes Gewicht erhalten, ist dem Entstehungskontext des Bandes geschuldet: Im Rahmen der Kooperation zwischen der Theologischen Hochschule Chur und der Pädagogischen Hochschule Graubünden fand im Jahr 2010 an beiden Hochschulen eine Reihe von «Sommervorträgen» statt. Um sie sowohl den Teilnehmerinnen und Teilnehmern der Vorträge als auch einer breiteren Öffentlichkeit zur Verfügung zu stellen, sind die vier Vortragsmanuskripte für den Druck überarbeitet worden (*Ch. Cebulj, J. Flury, P. Loretz, D. Helbling*). Sie werden durch zwei weitere Beiträge ergänzt, die im engen Zusammenhang mit den Vorträgen stehen und das Themenspektrum um eine soziologische Dimension (*H. Keupp*) und um praktischtheologische Aspekte (*E.-M. Faber*) erweitern.

Die Vorträge trugen den Titel «Heimat auf Zeit? – Identität als Grundfrage ethisch-religiöser Bildung». Dieser Titel nimmt die Erkenntnis auf, dass die Begriffe Heimat und Identität auf zweifache Weise miteinander verwandt sind. Einerseits beschreiben beide ein Ziel menschlicher Sehnsucht, andererseits sind beide nie ganz, sondern immer nur im Fragment zu haben. Ähnlich wie die Suche nach Heimat einen zentralen Wunsch des Menschen bezeichnet, ist das Bedürfnis des postmodernen Subjekts offensichtlich, Identität im

Sinne eines Mindestmasses an Kohärenz und Kontinuität herzustellen. Identität erweist sich dabei als individuelle Konstruktionsleistung, die immer als ein offener Prozess zu verstehen ist.

Um diesen Prozess in ein Bild zu kleiden, haben wir uns für die Metapher von der «Heimat auf Zeit» entschieden. Sie ist in der Literatur vielfältig belegt und entstammt im vorliegenden Fall einem Theaterstück von Woody Allen. Der amerikanische Schriftsteller und Regisseur Woody Allen machte sich vor allem durch Kinofilme wie «Die Stadtneurotiker» oder «Mach's noch einmal, Sam» einen Namen, in denen er als sympathischer ewiger Versager auch die Hauptrolle spielt. Im Jahr 1977 schreibt Allen für ein Theater am New Yorker Broadway eine Komödie mit dem Titel «Gott». Rein äusserlich gesehen macht er in dem Stück, das als Persiflage auf eine antike Tragödie konzipiert ist, das Theaterspielen zum Thema. Ort der Handlung im ersten Akt sind die Athener Theaterfestspiele: Hepatitis, ein erfolgloser Schriftsteller der Antike, will endlich einmal den Athener Dramatiker-Wettbewerb gewinnen, nur fällt ihm für sein Stück kein Schluss ein. Auch der Schauspieler Diabetes, der schon länger ohne Engagement ist und sich mit Hepatitis' Stück ein Comeback erhofft, kann ihm nicht helfen. Auch das Publikum ist ratlos. Erst der Bühnentechniker Bronchitis weiss die Lösung: Das Stück muss den Zuschauern existenzielle Fragen stellen! Diese Erkenntnis versucht die Schauspieltruppe zu berücksichtigen und bringt das Stück im zweiten Akt auf die Bühne. Diabetes als trojanischer Sklave soll König Ödipus eine wichtige Nachricht überbringen, dabei werden die Zuschauer in die Frage verwickelt, ob es ihm gelingt, sein Leben zu retten und gleichzeitig die schöne germanische Sklavin für sich zu gewinnen. Während Diabetes zum König unterwegs ist, singt der Chor dem Publikum verschiedene Fragen zu: Gibt es eine jenseitige Welt? Ist das Universum bloss eine flüchtige Idee Gottes? Ist es möglich, den eigenen Tod zu erleben? Diesen Fragen werden ironische Sentenzen gegenübergestellt: Wir können das Universum nicht kennen, weil es ja schon in New York schwierig genug ist, sich zurechtzufinden … Aber auch ernsthafte Sätze prägen das Stück wie etwa: Jede eitle Selbstgefälligkeit des Menschen wird vergehen, und: Identität ist nur eine *Heimat auf Zeit*.

Unter diesem poetischen Titel verfolgt der vorliegende Sammelband eine im weitesten Sinne *globale* und eine *lokale* Zielrichtung. Die beiden Perspektiven scheinen auf den ersten Blick nicht leicht vermittelbar zu sein, öffnen am Ende aber den Blick auf ein grösseres Ganzes. Da der Identitätsbegriff seit Jahrzehnten in wechselnden Lesarten einen zentralen Bezugspunkt der Diskurse über Individualität und Subjektivität, über Sozialisation und Bildung darstellt, ist er Gegenstand verschiedener wissenschaftlicher Zugänge. Im vorliegenden Fall sind es soziologische, pädagogische, kulturwissenschaftliche, theologische und religionspädagogische Perspektiven.

Als «global» im Sinne einer grundlegenden Hinführung ist der einleitende Beitrag des Münchner Soziologen *Heiner Keupp* zu verstehen. Er ist einer der führenden Identitätstheoretiker im deutschsprachigen Raum, dessen soziologische Konzepte eine breite interdisziplinäre Rezeption gefunden haben. Dankenswerterweise hat uns Heiner Keupp für den vorliegenden Sammelband seinen Vortrag zur Eröffnung der 60. Lindauer Psychotherapiewochen im April 2010 zur Verfügung gestellt. Er spannt den Bogen der Identitätsthematik auf, indem er das Ringen des modernen Subjekts um seine Identität beschreibt und das gewachsene Risiko des Scheiterns auf dieser Suche nach einer lebbaren Identität in den Blick nimmt. Krisenerfahrungen aus der psychotherapeutischen Praxis wie etwa die dramatische Veränderung familiärer Lebensformen bedingen eine Dekonstruktion klassischer Identitätsvorstellungen und veranlassen Keupp über veränderte Modelle der Identitätsbildung nachzudenken. In kritischer Absetzung vom Entwicklungsmodell Erik Eriksons weist er auf die Dekonstruktion grundlegender Koordinaten modernen Selbstverständnisses wie Einheit, Kontinuität und Kohärenz hin und stellt ihnen sein Prozess-Modell der «alltäglichen Identitätsarbeit» gegenüber.

Im weitesten Sinne «global» ist auch der Beitrag von *Christian Cebulj* ausgerichtet. Er fragt aus religionspädagogischer Perspektive nach den Bezügen zwischen Eriksons Identitätstheorie und der Religion. Da Eriksons Konzept zu den wenigen identitätstheoretischen Modellen gehört, die überhaupt Religion als Entwicklungsfaktor berücksichtigen, ist es in besonderer Weise für eine Untersuchung der Schnittstelle zwischen Identität und Religion geeignet. Cebulj zeigt an zwei Beispielen, dass Erikson nach wie vor als «Klassiker der Religionspädagogik» zu gelten hat. Zum einen bietet sich sein Modell an, um die religiöse Selbstfindung entlang des Lebenslaufs nachzuvollziehen. Zum anderen schärft es die Wahrnehmung für die religiöse Identität als spezifische Entwicklungsaufgabe des Jugendalters.

Eine ebenfalls «globale» Perspektive nimmt der pädagogische Beitrag von *Peter Loretz* ein. Er setzt beim Anspruch der Kritischen Erziehungswissenschaft an, nach dem Pädagogik so konstruiert werden soll, dass die Bildung mündiger und kritisch-emanzipierter Persönlichkeiten realisiert werden kann. Im Kontext einer «Erziehung zur Mündigkeit» wird auch die Beschäftigung mit Fragen der Identität zum Thema. Identitätsbildung wird somit als zentrale Aufgabe einer emanzipatorischen Erziehung verstanden. Damit ist aber Identität nicht mehr als stabiles, sondern als immer wieder sich wandelndes, eben durch Erziehung veränderbares Konstrukt verstanden. Loretz legt Gewicht darauf, dass dieses Ziel auch in einer Zeit, in der Mündigkeit durch Selbstverwirklichung abgelöst wird, immer noch seine Bedeutung hat.

Als «global» darf schliesslich auch die Zielrichtung des Aufsatzes von *Eva-Maria Faber* verstanden werden, die das Thema Identitätsfindung als Zentralmotiv christlicher Lebenspraxis aus spiritualitätstheologischer Perspektive beleuchtet. Dabei befragt sie klassische spirituelle Ideale von Einsichten der aktuellen Identitätsdiskussion her und kommt zu dem Ergebnis, dass die Dekonstruktion von Identitätsvorstellungen religiöse Ganzheitsideale nicht unberührt lassen kann. Sie beleuchtet, wie das Anliegen spiritueller Lebenspraxis durch neue Problemlagen der Identitätsarbeit herausgefordert ist und welche Ressourcen der christliche Glaube für eine gelingende Ausbildung differenzierter Identität bereithält.

Neben die «globale» Perspektive des vorliegenden Bandes, die an grundsätzlichen Aspekten des Identitätsthemas orientiert ist, treten zwei Beiträge mit «lokaler» Ausrichtung. Sie betten die Frage der Identitätsbildung in die sich stark verändernde Landschaft des Religions- und Ethikunterrichts an den öffentlichen Schulen der Schweiz ein. Dort hat sich in den letzten Jahren gezeigt, dass die über Jahrzehnte praktizierten Modelle des Neben- und Miteinanders von Staat/Schule und Kirchen bei der Regelung des Religionsunterrichts nicht mehr genügen. Das hat mit der zunehmenden Zahl der Schülerinnen und Schüler zu tun, die keiner der beiden grossen christlichen Landeskirchen mehr angehören. Im Unterschied zu den umliegenden Ländern versucht man deshalb in fast allen deutschsprachigen Kantonen der Schweiz durch Reformmodelle der zunehmenden religiösen Heterogenität der Schülerschaft gerecht zu werden. Diese Modelle unterscheiden zwischen einem bekenntnisunabhängigen schulischen Religionsunterricht in der Trägerschaft der Kantone und einem bekenntnisorientierten Religionsunterricht in der Verantwortung der Kirchen. Bildungspolitisch wird die Einführung der Reformmodelle mit dem pragmatischen Anliegen der «Integration» und dem Auftrag zur Wahrung des religiösen Friedens in einer pluralen Gesellschaft begründet. In pädagogischer Hinsicht geht es nicht mehr um die religiöse Identität der Schülerinnen und Schüler, sondern um die Frage, welchen Beitrag der schulische Religionsunterricht zur Identitätsbildung überhaupt leisten kann.

Der erste Beitrag, der eine solche «lokale» Perspektive aufnimmt, stammt von *Johannes Flury*. Er geht davon aus, dass ein Ensemble von ungefragt zu vermittelnden Werten im Unterricht allgemein, mehr noch im Religionsunterricht, heute nicht mehr existiert. Zusätzlich werden solche ehemals stabilen Werte immer häufiger durch punktuelle Ereignisse ersetzt. Der Eventcharakter einer Erfahrung spielt nicht nur bei den Jugendlichen, sondern in der ganzen Gesellschaft eine zentrale Rolle. Was kann unter diesen Umständen die Aufgabe des Religionsunterrichts sein? Sollen sich Kirchen und Schulen in diese Strömungen hineinbegeben, sollen sie ein Gegenmodell durchzuhalten versuchen, so schwierig das auch sein mag, oder sollen sie, und das ist bei Flury ein Antwortversuch, auf Schleiermachers Ansatz der Greif- und Erfahrbarkeit des Unendlichen zurückzugreifen?

Einen weiteren «lokalen» Aspekt zum Identitätsthema eröffnet schliesslich der Werkstattbericht von *Dominik Helbling*. Er beschreibt als Projektleiter der Dienststelle Volksschulbildung im Kanton Luzern die Einführung des neuen Schulfachs «Ethik und Religionen» auf der Primarschule. Helbling bezeichnet das Thema Identität als relevantes, wenn auch undurchsichtiges Problem ethischer und religiöser Bildung. Die Chance des neuen Unterrichtsmodells sieht er vor allem darin, dass «Differenzverträglichkeit» (Hans Saner) und der selbstverständliche Umgang mit religiöser Heterogenität zu Identitätsmerkmalen der Schülerinnen und Schülern werden. Diese setzen eine gewisse Orientierungsfähigkeit und damit Wissen voraus, um sich im Dschungel der Werte und Weltanschauungen, der Kulturen und Religionen zurechtzufinden. Gleichzeitig entkräftet er mit guten Gründen die immer wieder zu hörende Angst, Kinder würden eine diffuse religiöse Identität erlangen, wenn sie schon in der Primarschule religionskundlich anstatt konfessionell lernen.

Die Beiträge dieses Buches thematisieren wichtige Aspekte der Identitätsthematik, bleiben jedoch gleichzeitig in notwendiger Weise fragmentarisch. Sie machen deutlich, dass Identität gerade in den Zeiten religiöser Pluralität der Moderne kein Geschenk ist, sondern eine je neu zu lösende Aufgabe bleibt. Die andauernde Identitätsdebatte im Alltag und in den Wissenschaften zeigt, dass diese Aufgabe zwar höchst spannend, aber nicht leicht zu bewältigen ist.

Am Schluss dieser Einleitung sagen die beiden Herausgeber Dank: der Autorin und den Autoren, die unentgeltlich ihre Manuskripte zur Verfügung gestellt und nochmals für den Druck überarbeitet haben; sodann Frau Beatrice Walli vom Sekretariat des Pastoralinstituts an der Theologischen Hochschule

Chur für die umfangreiche Erstbearbeitung der Manuskripte; Herrn Markus Zimmer, dem Lektor des Theologischen Verlags Zürich (TVZ), für seine sowohl geduldige als auch kenntnisreiche und sorgfältige Betreuung dieses Bandes. Dank gilt schliesslich der Römisch-Katholischen Körperschaft im Kanton Zürich und der Pädagogischen Hochschule Graubünden für ihre finanzielle Unterstützung, ohne die das Erscheinen dieses Buches nicht möglich gewesen wäre. Möge der vorliegende sechste Band der Reihe «Forum Pastoral» gerade in Zeiten ethisch-religiöser Reformen dazu beitragen, die Bedeutung von Identität als «Heimat auf Zeit» neu ins Bewusstsein zu rufen.

Chur, im Frühling 2012   Christian Cebulj
                                                          Johannes Flury

Vom Ringen um Identität in der spätmodernen Gesellschaft[1]

Heiner Keupp

«Wenn ich mich sicher fühlen kann, werde ich eine komplexere Identität erwerben [...] Ich werde mich selbst mit mehr als einer Gruppe identifizieren; ich werde Amerikaner, Jude, Ostküstenbewohner, Intellektueller und Professor sein. Man stelle sich eine ähnliche Vervielfältigung der Identitäten überall auf der Welt vor, und die Erde beginnt, wie ein weniger gefährlicher Ort auszusehen. Wenn sich die Identitäten vervielfältigen, teilen sich die Leidenschaften.»[2]
«Und wenn sich Stadtviertel, Städte oder Nationen zu defensiven Zufluchtsorten gegen eine feindliche Welt entwickeln, dann kann es auch dazu kommen, dass sie sich Symbole des Selbstwert- und Zugehörigkeitsgefühls nur noch mittels Praktiken der Ausgrenzung und Intoleranz zu verschaffen vermögen.»[3]

Im Spannungsfeld dieser beiden Aussagen ist der Diskurs über Identitäten in der Gegenwart angesiedelt. Worum geht es bei diesem Diskurs? Es geht bei ihm um den Versuch, auf die klassische Frage der Identitätsforschung eine zeitgerechte Antwort zu geben: Wer bin ich in einer sozialen Welt, deren Grundriss sich unter Bedingungen der Individualisierung, Pluralisierung und Globalisierung verändert? Sich in einer solchen Welt individuell oder kollektiv in einer berechenbaren, geordneten und verlässlichen Weise dauerhaft verorten zu können, erweist sich als unmöglich. Diese Vorstellung war wohl immer illusionär, aber es gibt gesellschaftliche Perioden, in denen sie mehr Evidenz hat, als in anderen. Es geht heute um die Überwindung von «Identitätszwängen» und die Anerkennung der Möglichkeit, sich in normativ nicht vordefinierten Identitätsräumen eine eigene ergebnisoffene und bewegliche authentische Identitätskonstruktion zu schaffen. Aber wir müssen auch das gewachsene Risiko des Scheiterns in dieser Suche nach einer lebbaren Identität in den

---

1 *Keupp*, Eröffnungsvortrag bei den 60. Lindauer Psychotherapiewochen am 18. April 2010.
2 *Walzer*, Gerechtigkeit 136.
3 *Sennett*, Stadt 47 f.

Blick nehmen. Viele psychosoziale Problemlagen heute verweisen auf diese Scheiternsmöglichkeiten.

Wie bei vielen anderen Themen, so ist auch mit dem Thema Identität. Es hat einen gattungsgeschichtlichen Ursprung, aber es wird erst dadurch zum Gegenstand sozialwissenschaftlicher Reflexion, weil es seinen Status als selbstverständlich gegebene Folie menschlicher Selbstkonstruktionen verloren hat. Damit erfährt es eine krisenträchtige Fokussierung und zieht die Aufmerksamkeit der Menschen auf sich und – im Gefolge davon – auch der sozialwissenschaftlichen Theoriebildung. Zygmunt Bauman stellt fest:

> «Identität kann nur als *Problem* existieren, sie war von Geburt an ein ‹Problem›, wurde als Problem *geboren*. [...] Man denkt an Identität, wenn man nicht sicher ist, wohin man gehört. [...] *‹Identität› ist ein Name für den gesuchten Fluchtweg aus dieser Unsicherheit*.»[4] Aber dieser Weg führt nicht zu einem sicheren Hafen oder einer «festen Burg», darauf zielen regressive Wünsche und fundamentalistische Angebote. Der in Israel lebende arabische Sozialwissenschaftler Sami Ma'ari hat aufgezeigt, dass Identität in erster Linie eine Konfliktarena darstellt: «Identitäten sind hochkomplexe, spannungsgeladene, widersprüchliche symbolische Gebilde – und nur der, der behauptet, er habe eine einfache, eindeutige, klare Identität – der hat ein Identitätsproblem.»[5]

Die Debatte über Identität wird in den Sozialwissenschaften seit zwei Jahrzehnten intensiv geführt, und sie wird aus der Perspektive einer Krisendiagnose geführt. Dahin gelangen auch Psychotherapeutinnen und -therapeuten, die ihre tagtäglichen eigenen und beruflichen Erfahrungen reflektieren. Das möchte ich mit dem Ausschnitt aus einem Interview mit einer 45-jährigen psychologischen Psychotherapeutin mit psychoanalytischer Ausbildung verdeutlichen. Sie stellt dramatische Veränderung familiärer Lebensformen fest und fragt nach deren identitären Konsequenzen:

> «... Ich stelle mir auch vor, dass es für die Kinder verwirrend ist, also für die Identitätsbildung vor allem, belastend ... Aber das gilt ja nicht nur für die Kinder heute, sondern für Jugendliche und ... Erwachsene jeden Alters. Man kann so viele Identitäten annehmen und so viele Leute sein, und gleichzeitig so viel Verschiedenes tun und machen im Leben. Aber ... du bildest dann eine Identität aus, wenn Türen sich schließen, also du dich für Dinge entscheidest und andere Sachen dann halt nicht mehr gehen. Also durch ... durch Berufswahl zum Bei-

---

4 *Baumann*, Flaneure 134.
5 *Baier*, Gleichheitszeichen 19.

spiel oder Wahl, wo man arbeiten möchte. Aber eben vorher auch durch … ja, Familienidentität … und wenn's diese Möglichkeit nicht mehr gibt, dann … – wann bildet man dann eine Identität? Mit 45? Kurz vor der midlife-crisis? Und diese Entwicklung finde ich schon sehr schwierig.»[6]

Dekonstruktion klassischer Identitätsvorstellungen

Sind es solche Erfahrungen und Beobachtungen, die uns veranlassen, über veränderte Modelle der Identitätsbildung nachzudenken und neue Modelle zu konstruieren. Aber gibt es nicht gut bewährte Konzepte, die auch jetzt genutzt werden könnten? Nehmen wir das klassische Modell der Identitätsentwicklung, das Erik Erikson vorgelegt hat. Für jeden Prüfling ist es attraktiv, weil es mit seiner stufenförmigen Ablaufgestalt eine wunderbare Gedächtnisstütze liefert. Warum sollten wir es revidieren oder uns gar von ihm verabschieden? Lassen wir diese Frage erst einmal noch offen und verschaffen wir uns erst einmal einen Überblick.

Als Erik H. Erikson 1970 in einer autobiografisch angelegten Rückschau die Resonanz seines 1946 eingeführten Identitätsbegriffs kommentierte, stellte er fest, «dass der Begriff Identität sich recht schnell einen angestammten Platz im Denken, oder jedenfalls im Wortschatz eines breiten Publikums in vielen Ländern gesichert hat – ganz zu schweigen von seinem Auftauchen in Karikaturen, die die jeweilige intellektuelle Mode spiegeln»[7]. Dreieinhalb Jahrzehnte später müsste wohl seine Diagnose noch eindeutiger ausfallen: Identität ist ein Begriff, der im Alltag angekommen ist und dessen Nutzung durchaus inflationäre Züge angenommen hat. Er ist von Erikson längst abgekoppelt, aber der Anspruch auf eine fachwissenschaftliche Fortführung der Identitätsforschung sollte sinnvollerweise bei Erikson anknüpfen. Auf den «Schultern des Riesen» stehend lässt sich dann gut fragen, ob seine Antworten auf die Identitätsfrage ausreichen oder ob sie differenziert und weiterentwickelt werden müssen.

Die Frage nach der Identität hat eine universelle und eine kulturell-spezifische Dimensionierung. Es geht bei Identität immer um die Herstellung einer Passung zwischen dem subjektiven «Innen» und dem gesellschaftlichen «Aussen», also zur Produktion einer individuellen sozialen Verortung. Aber diese

---

6 Dieses Interview stammt aus der Untersuchung von *Khamneifar*, Wandel 2008.
7 *Erikson*, Lebensgeschichte 15.

	1	2	3	4
I Säuglingsalter	**Urvertrauen gg. Misstrauen**			
II Kleinkindalter		**Autonomie gg. Scham und Zweifel**		
III Spielalter			**Initiative gg. Schuldgefühl**	
IV Schulalter				**Werksinn gg. Minderwertigkeitsgefühl**
V Adoleszenz	Zeitperspektive gg. Zeitdiffusion	Selbstgewissheit gg. peinliche Identitätsbewusstheit	Experimentieren mit Rollen gg. Negative Identitätswahl	Zutrauen zur eigenen Leistung gg. Arbeitslähmung
VI Frühes Erwachsenenalter				
VII Erwachsenenalter				
VIII Reifes Erwachsenenalter				

Schema: Das epigenetische Schema der Identitätsentwicklung nach Erikson

5	6	7	8	
Unpolarität gg. Vorzeitige Selbst-differenzierung				I Säuglingsalter
Bipolarität gg. Autismus				II Kleinkindalter
Spiel-Identifikation gg. (ödipalc) Phantasie-Identitäten				III Spielalter
Arbeits-identifikation gg. Identitätssperre				IV Schulalter
Identität gg. Identitäts-diffusion	Sexuelle Identität gg. Bisexuelle Diffusion	Führungs-polarisierung gg. Autoritäts-diffusion	Ideologische Polarisierung gg. Diffusion der Ideale	V Adoleszenz
Solidarität gg. Soziale Isolierung	**Intimität gg. Isolierung**			VI Frühes Erwachsenen-alter
		Generativität gg. Selbst-Absorption		VII Erwachsenen-alter
			Integrität gg. Lebens-Ekel	VIII Reifes Erwachsenen-alter

Passungsarbeit ist in «heissen Perioden» der Geschichte für die Subjekte dramatischer als in «kühlen Perioden», denn die kulturellen Prothesen für bewährte Passungen verlieren an Bedeutung. Die aktuellen Identitätsdiskurse sind als Beleg dafür zu nehmen, dass die Suche nach sozialer Verortung zu einem brisanten Thema geworden ist.

Die universelle Notwendigkeit zur individuellen Identitätskonstruktion verweist auf das menschliche Grundbedürfnis nach Anerkennung und Zugehörigkeit. Es soll dem anthropologisch als «Mängelwesen» bestimmbaren Subjekt eine Selbstverortung ermöglichen, liefert eine individuelle Sinnbestimmung, soll den individuellen Bedürfnissen sozial akzeptable Formen der Befriedigung eröffnen. Identität bildet ein selbstreflexives Scharnier zwischen der inneren und der äusseren Welt. Genau in dieser Funktion wird der Doppelcharakter von Identität sichtbar: Sie soll einerseits das unverwechselbar Individuelle, aber auch das sozial Akzeptable darstellbar machen. Insofern stellt sie immer eine Kompromissbildung zwischen «Eigensinn» und Anpassung dar, insofern ist der Identitätsdiskurs immer auch mit Bedeutungsvarianten von Autonomiestreben (z. B. Nunner-Winkler)[8] und Unterwerfung (so Adorno oder Foucault) assoziiert, aber erst in der dialektischen Verknüpfung von Autonomie bzw. Unterwerfung mit den jeweils verfügbaren Kontexten sozialer Anerkennung entsteht ein konzeptuell ausreichender Rahmen.

Identität im psychologischen Sinne ist die Frage nach den Bedingungen der Möglichkeit für eine lebensgeschichtliche und situationsübergreifende Gleichheit in der Wahrnehmung der eigenen Person und für eine innere Einheitlichkeit trotz äusseren Wandlungen. Damit hat die Psychologie eine philosophische Frage aufgenommen, die Platon in klassischer Weise formuliert hatte. In seinem Dialog «Symposion» («Das Gastmahl») lässt er Sokrates in folgender Weise zu Wort kommen:

> «[…] auch jedes einzelne lebende Wesen wird, solange es lebt, als dasselbe angesehen und bezeichnet: z. B. ein Mensch gilt von Kindesbeinen an bis in sein Alter als der gleiche. Aber obgleich er denselben Namen führt, bleibt er doch niemals in sich selbst gleich, sondern einerseits erneuert er sich immer, andererseits verliert er anderes: an Haaren, Fleisch, Knochen, Blut und seinem ganzen körperlichen Organismus. Und das gilt nicht nur vom Leibe, sondern ebenso von der Seele: Charakterzüge, Gewohnheiten, Meinungen, Begierden, Freuden

---

8 Vgl. *Nunner-Winkler*, Identitätskonzept.

und Leiden, Befürchtungen: Alles das bleibt sich in jedem einzelnen niemals gleich, sondern das eine entsteht, das andere vergeht.»[9]

Dieses Problem der Gleichheit in der Verschiedenheit beherrscht auch die aktuellen Identitätstheorien. Für Erik Erikson, der den durchsetzungsfähigsten Versuch zu einer psychologischen Identitätstheorie unternommen hat, besteht «das Kernproblem der Identität in der Fähigkeit des Ichs, angesichts des wechselnden Schicksals Gleichheit und Kontinuität aufrechtzuerhalten»[10]. An anderer Stelle definiert er Identität als ein Grundgefühl:

«Das Gefühl der Ich-Identität ist […] das angesammelte Vertrauen darauf, dass der Einheitlichkeit und Kontinuität, die man in den Augen anderer hat, eine Fähigkeit entspricht, eine innere Einheitlichkeit und Kontinuität (also das Ich im Sinne der Psychologie) aufrechtzuerhalten.»[11]

Identität wird von Erikson also als ein Konstrukt entworfen, mit dem das subjektive Vertrauen in die eigene Kompetenz zur Wahrung von Kontinuität und Kohärenz formuliert wird. Dieses «Identitätsgefühl»[12] oder dieser «sense of identity»[13] ist die Basis für die Beantwortung der Frage: Wer bin ich?, die in einfachster Form das Identitätsthema formuliert. So einfach diese Frage klingen mag, sie eröffnet darüber hinaus komplexe Fragen der inneren Strukturbildung der Person.

Die Konzeption von Erikson ist in den 80er Jahren teilweise heftig kritisiert worden. Die Kritik bezog sich vor allem auf seine Vorstellung eines kontinuierlichen Stufenmodells, dessen adäquates Durchlaufen bis zur Adoleszenz eine Identitätsplattform für das weitere Erwachsenenleben sichern würde. Das Subjekt hätte dann einen stabilen Kern ausgebildet, ein «inneres Kapital»[14] akkumuliert, das ihm eine erfolgreiche Lebensbewältigung sichern würde. So wird die Frage der Identitätsarbeit ganz wesentlich an die Adoleszenzphase geknüpft. In einem psychosozialen Moratorium wird den Heranwachsenden ein Experimentierstadium zugebilligt, in dem sie die adäquate Passung ihrer inneren mit der äußeren Welt herauszufinden haben. Wenn es gelingt, dann ist eine tragfähige Basis für die weitere Biografie gelegt. Thematisiert wurde auch die Erikson'sche Unterstellung, als würde eine problemlose Synchroni-

---

9 *Platon*, Gastmahl 127 f.
10 *Erikson*, Einsicht und Verantwortung 87.
11 *Erikson*, Identität und Lebenszyklus 107.
12 Vgl. *Bohleber*, Säuglingsforschung.
13 Vgl. *Greenwood*, Realism.
14 *Erikson*, Identität und Lebenszyklus 107.

sation von innerer und äusserer Welt gelingen. Die Leiden, der Schmerz und die Unterwerfung, die mit diesem Einpassungsprozess gerade auch dann verbunden sind, wenn er gesellschaftlich als gelungen gilt, werden nicht aufgezeigt.

Das Konzept von Erikson ist offensichtlich unauflöslich mit dem Projekt der Moderne verbunden. Es überträgt auf die Identitätsthematik ein modernes Ordnungsmodell regelhaft-linearer Entwicklungsverläufe. Es unterstellt eine gesellschaftliche Kontinuität und Berechenbarkeit, in die sich die subjektive Selbstfindung verlässlich einbinden kann. Gesellschaftliche Prozesse, die mit Begriffen wie Individualisierung, Pluralisierung, Globalisierung angesprochen sind, haben das Selbstverständnis der klassischen Moderne grundlegend infrage gestellt. Der dafür stehende Diskurs der Postmoderne hat auch die Identitätstheorie erreicht. In ihm wird ein radikaler Bruch mit allen Vorstellungen von der Möglichkeit einer stabilen und gesicherten Identität vollzogen. Es wird unterstellt, «dass jede gesicherte oder essenzialistische Konzeption der Identität, die seit der Aufklärung den Kern oder das Wesen unseres Seins zu definieren und zu begründen hatte, der Vergangenheit angehört»[15].

In der Dekonstruktion grundlegender Koordinaten modernen Selbstverständnisses sind vor allem Vorstellungen von Einheit, Kontinuität, Kohärenz, Entwicklungslogik oder Fortschritt zertrümmert worden. Begriffe wie Kontingenz, Diskontinuität, Fragmentierung, Bruch, Zerstreuung, Reflexivität oder Übergänge sollen zentrale Merkmale der Welterfahrung thematisieren. Identitätsbildung unter diesen gesellschaftlichen Signaturen wird von ihnen durch und durch bestimmt. Identität wird deshalb auch nicht mehr als Entstehung eines inneren Kerns thematisiert, sondern als ein Prozessgeschehen beständiger «alltäglicher Identitätsarbeit», als permanente Passungsarbeit zwischen inneren und äusseren Welten. Die Vorstellung von Identität als einer fortschreitenden und abschliessbaren Kapitalbildung wird zunehmend abgelöst durch die Idee, dass es bei Identität um einen «‹Projektentwurf› des eigenen Lebens»[16] geht oder um die Abfolge von Projekten, wahrscheinlich sogar um die gleichzeitige Verfolgung unterschiedlicher und teilweise widersprüchlicher Projekte über die ganze Lebensspanne hinweg.

---

15 *Hall*, Rassismus 181.
16 *Fend*, Identitätsentwicklung 21.

Spätmoderne gesellschaftliche Verhältnisse

Im globalisierten Kapitalismus vollziehen sich dramatische Veränderungen auf allen denkbaren Ebenen und in besonderem Mass auch in unseren Lebens- und Innenwelten. Es sind vor allem folgende Erfahrungskomplexe, die mit diesem gesellschaftlichen Strukturwandel verbunden sind und die eine Mischung von Belastungen, Risiken und auch Chancen beinhalten, aber genau in dieser Mischung eine hohe Ambivalenz implizieren:

– Wir erleben, erleiden und erdulden eine Beschleunigung und Verdichtung in den Alltagswelten, die zu den Grundgefühlen beitragen, getrieben zu sein, nichts auslassen zu dürfen, immer auf dem Sprung sein zu müssen, keine Zeit zu vergeuden und Umwege als Ressourcenvergeudung zu betrachten. Verkürzte Schulzeiten, Verschulung des Studiums, um den jung-dynamischen «Arbeitskraftunternehmer» möglichst schnell in die Berufswelt zu transportieren oder die Reduktion der Lebensphasen, in denen man als produktives Mitglied der Gesellschaft gelten kann, erhöhen permanent den Beschleunigungsdruck.

– Wir spüren die Erwartungen, ein «unternehmerisches Selbst»[17] zu werden, das sein Leben als eine Abfolge von Projekten sieht und angeht, die mit klugem Ressourceneinsatz optimal organisiert werden müssen. Auch staatliches Handeln, nicht zuletzt im Bereich der Sozialpolitik, setzt immer stärker auf das individuelle Risikomanagement anstelle von kollektiver Daseinsvorsorge. Ich bin für meine Gesundheit, für meine Fitness, für meine Passung in die Anforderungen der Wissensgesellschaft selbst zuständig – auch für mein Scheitern. Nicht selten erlebt sich das angeblich «selbstwirksame» unternehmerische Selbst als «unternommenes Selbst»[18].

– Eine Deregulierung von Rollenschemata, die einerseits als Gewinn an selbstbestimmter Lebensgestaltung verstanden wird, die aber andererseits in die Alltagswelten eine Unsicherheit hineinträgt, die nicht immer leicht akzeptiert und ertragen werden kann. Die Erfahrung der allenthalben erlebten Enttraditionalisierung ist nicht selten ein Antrieb für die Suche nach Verortung in fundamentalistischen Weltbildern.

– Die Arbeit an der eigenen Identität wird zu einem unabschliessbaren Projekt und erfordert permanente Passungsarbeit. Fertige soziale Schnittmus-

---

17 *Bröckling*, Das unternehmerische Selbst.
18 *Freytag*, Der unternommene Mensch.

ter für die alltägliche Lebensführung verlieren ihren Gebrauchswert. Sowohl die individuelle Identitätsarbeit als auch die Herstellung von gemeinschaftlich tragfähigen Lebensmodellen unter Menschen, die in ihrer Lebenswelt aufeinander angewiesen sind, erfordert ein eigenständiges Verknüpfen von Fragmenten. Bewährte kulturelle Modelle gibt es dafür immer weniger. Die roten Fäden für die Stimmigkeit unserer inneren Welten zu spinnen, wird ebenso zur Eigenleistung der Subjekte wie die Herstellung lebbarer Alltagswelten. Menschen in der Gegenwart brauchen die dazu erforderlichen Lebenskompetenzen in einem sehr viel höheren Mass als die Generationen vor ihnen.

– All die Anstrengungen, allzeit fit, flexibel und mobil zu sein, sind nicht nur als Kür zu betrachten, sondern sie werden von der Angst motivational befeuert, nicht dazuzugehören. Wir führen gegenwärtig eine höchst relevante Fachdiskussion um das Thema Exklusion und Inklusion. Vom «abgehängten Prekariat» spricht die Friedrich-Ebert-Stiftung, von den «Ausgegrenzten der Moderne» Zygmunt Bauman[19]. Die Sorge, nicht mehr gesellschaftlich einbezogen, gefragt und gebraucht zu werden, bestimmt viele Menschen, und sie sind deshalb oft bereit, sich an Bedingungen anzupassen, die ihnen nicht gut tun.

– Die Suche nach sicheren Bezugspunkten für ein gesichertes Fundament für ihre Alltagsbewältigung wird noch verstärkt durch die Entwicklung hin zu einer «Sicherheitsgesellschaft», die die defensive Variante des Ordnungstraumes der Moderne darstellt: Diese hatte und hat den Anspruch, alles Unberechenbare, Uneindeutige, Ambivalente, Fremde und Störende zu beseitigen und eine berechenbare und eindeutige Welt zu schaffen. Auch wenn dieser Traum der Moderne nur noch selten in naiver Emphase vorgetragen wird, es gibt ihn noch, und die Sicherheitsgesellschaft lebt davon. Sie will möglichst Risiken eliminieren und verstärkt dafür ihre Sicherheitssysteme.

– Die Landnahme des Kapitalismus hat längst in unseren beruflichen Welten stattgefunden. Erich Wulff[20] hat einst in den 70er Jahren den spannenden Aufsatz «Der Arzt und das Geld» veröffentlicht und darin aufgezeigt, wie die Geldlogik unbemerkt die ärztliche Fachlichkeit und Ethik unterhöhlt. Wir haben uns angewidert abgewendet und wollten für den Bereich der psychosozialen Versorgung einen anderen Weg gehen. Inzwischen hat uns

---

19 *Bauman*, Verworfenes Leben.
20 *Wulff*, Arzt.

die Monetarisierung, die Ökonomisierung oder die «Vertriebswirtschaftlichung» voll erreicht, und Qualität scheint nur noch in Geldwert ausgedrückt zu werden.

Diese Alltagserfahrungen werden in den sozialwissenschaftlichen Gegenwartsanalysen aufgegriffen und auf ihre strukturellen Ursachen bezogen.

Jürgen Habermas hat einen «Formenwandel sozialer Integration» diagnostiziert, der in Folge einer «postnationalen Konstellation» entsteht: «Die Ausweitung von Netzwerken des Waren-, Geld-, Personen- und Nachrichtenverkehrs fördert eine Mobilität, von der eine sprengende Kraft ausgeht.»[21] Diese Entwicklung fördert eine «zweideutige Erfahrung»:

> «die Desintegration haltgebender, im Rückblick autoritärer Abhängigkeiten, die Freisetzung aus gleichermaßen orientierenden und schützenden wie präjudizierenden und gefangen nehmenden Verhältnissen. Kurzum, die Entbindung aus einer stärker integrierten Lebenswelt entlässt die Einzelnen in die Ambivalenz wachsender Optionsspielräume. Sie öffnet ihnen die Augen und erhöht zugleich das Risiko, Fehler zu machen. Aber es sind dann wenigstens die eigenen Fehler, aus denen sie etwas lernen können.»[22]

Der mächtige neue Kapitalismus, der die Containergestalt des Nationalstaates demontiert hat, greift unmittelbar auch in die Lebensgestaltung der Subjekte ein. Auch die biografischen Ordnungsmuster erfahren eine reale Dekonstruktion. Am deutlichsten wird das in Erfahrungen der Arbeitswelt.

Einer von drei Beschäftigten in den USA hat mit seiner gegenwärtigen Beschäftigung weniger als ein Jahr in seiner aktuellen Firma verbracht. Zwei von drei Beschäftigten sind in ihren aktuellen Jobs weniger als fünf Jahre. Vor 20 Jahren waren in Grossbritannien 80 % der beruflichen Tätigkeiten vom Typus der 40 zu 40 (eine 40-Stunden-Woche über 40 Berufsjahre hinweg). Heute gehören gerade noch einmal 30 % zu diesem Typus, und ihr Anteil geht weiter zurück.

Kenneth J. Gergen sieht ohne erkennbare Trauer durch die neue Arbeitswelt den «Tod des Selbst», jedenfalls jenes Selbst, das sich der heute allüberall geforderten «Plastizität» nicht zu fügen vermag. Er sagt:

---

21 *Habermas*, Konstellation 126.
22 A. a. O. 126 f.

«Es gibt wenig Bedarf für das innengeleitete, ‹one-style-for-all› Individuum. Solch eine Person ist beschränkt, engstirnig, unflexibel. [...] Wir feiern jetzt das proteische Sein [...] Man muss in Bewegung sein, das Netzwerk ist riesig, die Verpflichtungen sind viele, Erwartungen sind endlos, Optionen allüberall und die Zeit ist eine knappe Ware.»[23]

In seinem viel beachteten Buch «Der flexible Mensch» liefert Richard Sennett (1998) eine weniger positiv gestimmte Analyse der gegenwärtigen Veränderungen in der Arbeitswelt. Der «Neue Kapitalismus» überschreitet alle Grenzen, demontiert institutionelle Strukturen, in denen sich für die Beschäftigten Berechenbarkeit, Arbeitsplatzsicherheit und Berufserfahrung sedimentieren konnten. An ihre Stelle ist die Erfahrung einer (1) *Drift* getreten: Von einer «langfristigen Ordnung» zu einem «neuen Regime kurzfristiger Zeit».[24] Und die Frage stellt sich in diesem Zusammenhang, wie dann überhaupt noch Identifikationen, Loyalitäten und Verpflichtungen auf bestimmte Ziele entstehen sollen. Die fortschreitende (2) *Deregulierung*: Anstelle fester institutioneller Muster treten netzwerkartige Strukturen. Der flexible Kapitalismus baut Strukturen ab, die auf Langfristigkeit und Dauer angelegt sind. «Netzwerkartige Strukturen sind weniger schwerfällig». An Bedeutung gewinnt die «Stärke schwacher Bindungen», womit gemeint ist zum einen, «dass flüchtige Formen von Gemeinsamkeit den Menschen nützlicher seien als langfristige Verbindungen, zum anderen, dass starke soziale Bindungen wie Loyalität ihre Bedeutung verloren hätten».[25] Die permanent geforderte Flexibilität entzieht (3) *festen Charaktereigenschaften* den Boden und erfordert von den Subjekten die Bereitschaft zum «Vermeiden langfristiger Bindungen» und zur «Hinnahme von Fragmentierung». Diesem Prozess geht nach Sennett immer mehr ein begreifbarer Zusammenhang verloren. Die Subjekte erfahren das als (4) *Deutungsverlust*: «Im flexiblen Regime ist das, was zu tun ist, *unlesbar* geworden.»[26] So entsteht der Menschentyp des (5) *flexiblen Menschen*, der sich permanent fit hält für die Anpassung an neue Marktentwicklungen, der sich zu sehr an Ort und Zeit bindet, um immer neue Gelegenheiten nutzen zu können. Lebenskohärenz ist auf dieser Basis kaum mehr zu gewinnen. Sennett hat erhebliche Zweifel, ob der flexible Mensch menschenmöglich ist. Zumindest kann er sich nicht verorten und binden. Die wachsende (6) *Gemein-*

---

23 *Gergen*, Self 104.
24 Vgl. *Sennett*, Mensch 26.
25 Vgl. a. a. O. 28.
26 A. a. O. 81.

schaftssehnsucht interpretiert er als regressive Bewegung, eine «Mauer gegen eine feindliche Wirtschaftsordnung» hochzuziehen.[27]

> «Eine der unbeabsichtigten Folgen des modernen Kapitalismus ist die Stärkung des Ortes, die Sehnsucht der Menschen nach Verwurzelung in einer Gemeinde. All die emotionalen Bedingungen modernen Arbeitens beleben und verstärken diese Sehnsucht: die Ungewissheiten der Flexibilität; das Fehlen von Vertrauen und Verpflichtung; die Oberflächlichkeit des Teamworks; und vor allem die allgegenwärtige Drohung, ins Nichts zu fallen, nichts ‹aus sich machen zu können›, das Scheitern daran, durch Arbeit eine Identität zu erlangen. All diese Bedingungen treiben die Menschen dazu, woanders nach Bindung und Tiefe zu suchen.»[28]

Im Rahmen dieses Deutungsrahmens räumt Sennett dem «Scheitern» oder der mangelnden kommunikativen Bearbeitung des Scheiterns eine zentrale Bedeutung ein: «Das *Scheitern* ist das grosse Tabu [...] Das Scheitern ist nicht länger nur eine Aussicht der sehr Armen und Unterprivilegierten; es ist zu einem häufigen Phänomen im Leben auch der Mittelschicht geworden.»[29] Dieses Scheitern wird oft nicht verstanden und mit Opfermythen oder mit Feindbildkonstruktionen beantwortet. Aus der Sicht von Sennett kann es nur bewältigt werden, wenn es den Subjekten gelingt, das Gefühl ziellosen inneren Dahintreibens, also die «Drift» zu überwinden. Für wenig geeignet hält er die postmodernen Erzählungen. Er zitiert Salman Rushdie als Patchworkpropheten, für den das moderne Ich «ein schwankendes Bauwerk ist, das wir aus Fetzen, Dogmen, Kindheitsverletzungen, Zeitungsartikeln, Zufallsbemerkungen, alten Filmen, kleinen Siegen, Menschen, die wir hassen, und Menschen, die wir lieben, zusammensetzen»[30]. Solche Narrationen stellen ideologische Reflexe und kein kritisches Begreifen dar, sie spiegeln «die Erfahrung der Zeit in der modernen Politökonomie»: «Ein nachgiebiges Ich, eine Collage aus Fragmenten, die sich ständig wandelt, sich immer neuen Erfahrungen öffnet – das sind die psychologischen Bedingungen, die der kurzfristigen, ungesicherten Arbeitserfahrung, flexiblen Institutionen, ständigen Risiken entsprechen.»[31] Für Sennett befindet sich eine so bestimmte «Psyche in einem Zustand endlosen Werdens – ein Selbst, das sich nie vollendet», und für ihn folgt daraus, dass es «unter diesen Umständen keine zusammenhängende

---

27 A. a. O. 190.
28 A. a. O. 189 f.
29 A. a. O. 159.
30 A. a. O. 181.
31 A. a. O. 182.

Lebensgeschichte geben [kann], keinen klärenden Moment, der das ganze erleuchtet»[32]. Daraus folgt dann auch eine heftige Kritik an postmodernen Narrationen: «Aber wenn man glaubt, dass die ganze Lebensgeschichte nur aus einer willkürlichen Sammlung von Fragmenten besteht, lässt das wenig Möglichkeiten, das plötzliche Scheitern einer Karriere zu verstehen. Und es bleibt kein Spielraum dafür, die Schwere und den Schmerz des Scheiterns zu ermessen, wenn Scheitern nur ein weiterer Zufall ist.»[33]

Erschöpft von der grenzenlosen Identitätsarbeit: Depressionen

Ist es gewagt, diese gesellschaftlichen Veränderungen mit der sich immer deutlicher belegbaren Zunahme psychischer Störungen, vor allem der Depression, in Verbindung zu bringen? Die uns vorliegenden epidemiologischen Daten, die immer stärker die Einschätzung stützen, dass die Depression zur Volkskrankheit Nr. 1 wird, legen die Frage nahe, was dafür die Ursachen sein könnten. Der Frankfurter Psychoanalytiker Heinrich Deserno schreibt dazu:

> «Seit etwa 15 Jahren zeichnet sich deutlich ab, dass Depressionen für den spätmodernen Lebensstil beispielhaft werden könnten, und zwar in dem Sinne, dass sie das Negativbild der Anforderungen beziehungsweise paradoxen Zumutungen der gesellschaftlichen Veränderungen darstellen und deshalb in besorgniserregender Weise zunehmen könnten, wie von der Weltgesundheitsorganisation hochgerechnet: Im Jahr 2020 sollen Depressionen weltweit und in allen Bevölkerungsschichten die zweithäufigste Krankheitsursache sein.»

Und die frühere deutsche Stimme der WHO, Ilona Kickbusch, hat sich so zu diesem Thema geäussert:

> «Immer mehr Menschen haben mit einem immer schnelleren Wandel von Lebens-, Arbeits- und Umweltbedingungen zu kämpfen. Sie können das Gleichgewicht zwischen Belastungs- und Bewältigungspotentialen nicht mehr aufrechterhalten und werden krank. Depression ist zum Beispiel nach den Statistiken der Weltgesundheitsorganisation eine der wichtigsten Determinanten der Erwerbsunfähigkeit. […] Schon heute sind weltweit ca. 121 Millionen Menschen von Depressionen betroffen. Denn unser Leben gewinnt zunehmend ‹an

---

32 Ebd.
33 Ebd.

Fahrt›, sei es zwischenmenschlich, gesellschaftlich, wirtschaftlich oder im Informations- und Freizeitbereich.»[34]

Die uns vorliegenden Daten lassen sich durchaus als empirische Untermauerung solcher Aussagen lesen. Ich greife auf die DAK-Daten von 2005 und 2008 zurück, die zeigen, dass die Diagnose Depression immer häufiger gestellt wird. Zunehmend gilt das auch für Heranwachsende und insbesondere für junge Erwachsene. Das Deutsche Studentenwerk hat in einer viel beachteten Presseerklärung darauf aufmerksam gemacht, dass auch bei Studierenden ein wachsender Beratungsbedarf wegen depressiver Probleme entstanden sei. Im Deutschen Studentenwerk-Journal 2007 wird darauf hingewiesen: «Immer mehr Studierende leiden unter dem für Manager typischen Burnout-Syndrom wie Depressionen, Angstattacken, Versagensängsten, Schlafstörungen oder Magenkrämpfen. [...] In den psychologischen Beratungsstellen der Studentenwerke würden sich verstärkt Studierende mit solchen Beschwerden melden, heißt es in dem Beitrag. DSW-Präsident Prof. Dr. Rolf Dobischat spricht von einer ‹Besorgnis erregenden Entwicklung›: [...] ‹Die Studierenden stehen unter immer stärkerem Erwartungs-, Leistungs- und vor allem Zeitdruck. Die vielen laufenden Hochschulreformen dürfen aber nicht dazu führen, dass ein Studium krank macht.› Dobischat appellierte an die Hochschulen, insbesondere die neuen Bachelor- und Master-Studiengänge nicht zu überfrachten. Gemäß der aktuellen 18. Sozialerhebung des Deutschen Studentenwerks [... hat jeder siebte Studierende] Beratungsbedarf zu depressiven Verstimmungen sowie zu Arbeits- und Konzentrationsschwierigkeiten; ebenfalls jeder siebte Studierende mit Beratungsbedarf will sich zu Prüfungsängsten beraten lassen.»[35]

Welche Schlüsse ziehen wir aus solchen Befunden? Aus Frankreich kam kürzlich unter dem Titel «Das erschöpfte Selbst»[36] von Alain Ehrenberg ein Beitrag, der eine wichtige Brücke zwischen sozialwissenschaftlicher Gegenwartsdeutung und der Zunahme diagnostizierter Depressionen schlägt. Er geht davon aus, dass Subjekte in der globalisierten Gesellschaft ein hohes Mass an Identitätsarbeit leisten müssen.[37] Die zunehmende Erosion traditioneller Lebenskonzepte, die Erfahrung des *disembedding* (Giddens), die Not-

---

34 *Kickbusch*, Gesundheitsgesellschaft 15.
35 Vgl. die Pressemitteilung des Deutschen Studentenwerks vom 2.7.2007, online unter http://www.studentenwerke.de/presse/2007/020707a.pdf.
36 *Ehrenberg*, Selbst.
37 Vgl. *Keupp u. a.*, Identitätskonstruktionen.

wendigkeit zu mehr Eigenverantwortung und Lebensgestaltung haben Menschen in der Gegenwartsgesellschaft viele Möglichkeiten der Selbstgestaltung verschafft. Zugleich ist aber auch das Risiko des Scheiterns gewachsen. Vor allem die oft nicht ausreichenden psychischen, sozialen und materiellen Ressourcen erhöhen diese Risikolagen. Die gegenwärtige Sozialwelt ist als «flüchtige Moderne»[38] charakterisiert worden, die keine stabilen Bezugspunkte für die individuelle Identitätsarbeit zu bieten hat und den Subjekten eine endlose Suche nach den richtigen Lebensformen abverlangt. Diese Suche kann zu einem «erschöpften Selbst» führen, das an den hohen Ansprüchen an Selbstverwirklichung und Glück gescheitert ist.[39] Eine zweite aktuelle Dissertation von Elisabeth Summer,[40] einer langjährig erfahrenen Psychotherapeutin, die mit dem an Ehrenberg geschärften Blick ihren 10-jährigen Klientenstamm reanalysiert hat, zeigt deutlich, dass die ins Ich-Ideal verinnerlichten gesellschaftlichen Leistungs- und Selbstwirklichungsideologien eine destruktive Dynamik auslösen können. Es handelt sich also nicht um eine «Krankheit der Freiheit», sondern um die Folgen einer individuellen Verinnerlichung der marktradikalen Freiheitsideologien.

Wenn wir diese Spur weiterverfolgen wollen, dann reicht es offensichtlich nicht, nur über «psychohygienische» und psychotherapeutische Wege zu reden, so wichtig diese sind, wenn Menschen schwere psychische Probleme haben. Es ist notwendig, den gesellschaftlichen Rahmen mit in den Blick zu nehmen und danach zu fragen, wie er einerseits den einzelnen Menschen mit Erwartungen und Ansprüchen fordert und zunehmend überfordert und andererseits die «vereinzelten Einzelnen» damit alleine lässt. Hier ist keine strategische Böswilligkeit zu unterstellen, sondern da ist eher ein Auto auf rasanter Fahrt, in dem zwar ständig das Gaspedal gedrückt wird, aber ein Bremspedal scheint es nicht zu geben. Wir haben es mit einer tiefen Krise im gesellschaftlichen Selbstverständnis zu tun, das sich nicht einmal mehr über unterschiedliche mögliche Zielvorstellungen streitet, sondern einfach keine mehr hat. Es gibt kaum eine Idee über den Tag hinaus, und auf allen Ebenen sehen wir das, was Christopher Lasch[41] in seiner Diagnose vom «minimal self» schon Mitte

---

38 Vgl. *Bauman*, Liquid.
39 Vgl. *Ehrenberg*, Selbst.
40 *Summer*, Gesellschaft.
41 *Lasch*, Minimal self.

der 1980er Jahre festgestellt hatte und Jürgen Habermas[42] zur gleichen Zeit meinte, als er analysierte, uns seien die «utopischen Energien» ausgegangen; ganz präzise zitiert, ist bei ihm von der «Erschöpfung der utopischen Energien» die Rede. Es geht um Problemlösungen für den Augenblick, der Tag, die Legislaturperiode oder der anstehende Quartalsbericht muss überstanden werden. Die mangelnde Zielorientierung verbirgt sich, ohne sich wirklich verstecken zu können, hinter phrasenhaft verwendeten Begriffen wie Reform, Vision oder Leitbild. In hektischer Betriebsamkeit wird jeden Tag eine Lösung verworfen, und wie in einem Hamsterrad wird die gleiche Inszenierung noch einmal aufgelegt, aber wieder wird sie als Reform, Vision oder Leitbild verkauft. Keiner glaubt mehr daran, es ist eine Art kollektiver «Wiederholungszwang» oder eine «manische» Verleugnung der Ziel- und Aussichtslosigkeit. Hier zeichnet sich eine Gesamtsituation ab, die man mit dem Begriff «erschöpfte Gesellschaft» überschreiben könnte.

Wie heute Identitätsarbeit geleistet wird

Mit welchen Bildern oder Metaphern können wir die aktuelle Identitätsarbeit zum Ausdruck bringen? Schon eigene Alltagserfahrungen stützen die Vermutung, dass von den einzelnen Personen eine hohe Eigenleistung bei diesem Prozess der konstruktiven Selbstverortung zu erbringen ist. Sie müssen Erfahrungsfragmente in einen für sie sinnhaften Zusammenhang bringen. Diese individuelle Verknüpfungsarbeit nenne ich Identitätsarbeit, und ich habe ihre Typik mit der Metapher vom Patchwork auszudrücken versucht.[43] Diese Metapher hat unseren wissenschaftlichen Suchprozess angeleitet, und in Bezug auf das Ergebnis alltäglicher Identitätsarbeit bleibt sie hilfreich.[44] In ihren Identitätsmustern fertigen Menschen aus den Erfahrungsmaterialien ihres Alltags patchworkartige Gebilde, diese sind Resultat der schöpferischen Möglichkeiten der Subjekte. Uns hat vor allem das Wie interessiert, der Herstellungsprozess: Wie vollzieht sich diese Identitätsarbeit? Oder im Bild gesprochen: Wie fertigen die Subjekte ihre patchworkartigen Identitätsmuster? Wie entsteht der Entwurf für eine kreative Verknüpfung? Wie werden Alltagserfahrungen zu Identitätsfragmenten, die Subjekte in ihrem Identitätsmuster bewahren

---

42 *Habermas*, Unübersichtlichkeit.
43 Vgl. *Keupp*, Patchwork-Identität.
44 Vgl. *Keupp*, Identitätskonstruktionen.

und sichtbar unterbringen wollen? Woher nehmen sie Nadel und Faden, und wie haben sie das Geschick erworben, mit ihnen so umgehen zu können, dass sie ihre Gestaltungswünsche auch umsetzen können? Und schliesslich: Woher kommen die Entwürfe für die jeweiligen Identitätsmuster? Gibt es gesellschaftlich vorgefertigte Schnittmuster, nach denen man sein eigenes Produkt fertigen kann? Gibt es Fertigpackungen mit allem erforderlichen Werkzeug und Material, das einem die Last der Selbstschöpfung ersparen kann?

Unsere Ausgangsfragestellung war – jenseits aller normativen Vorannahmen – die folgende: Die Erste Moderne hat normalbiografische Grundrisse geliefert, die als Vorgaben für individuelle Identitätsentwürfe gedient haben. Innerhalb dieser Grundrisse bildete die berufliche Teilidentität eine zentrale Rolle, die für die Identitätsarbeit der Subjekte Ordnungsvorgaben schuf. In der Zweiten Moderne verlieren diese Ordnungsvorgaben an Verbindlichkeit, und es stellt sich dann die Frage, wie Identitätskonstruktionen jetzt erfolgen.

Wie könnte man die Aufgabenstellung für unsere alltägliche Identitätsarbeit formulieren? Hier meine thesenartige Antwort:

Identitätsarbeit hat als Bedingung und als Ziel die Schaffung von Lebenskohärenz. In früheren gesellschaftlichen Epochen war die Bereitschaft zur Übernahme vorgefertigter Identitätspakete das zentrale Kriterium für Lebensbewältigung. Heute kommt es auf die individuelle Passungs- und Identitätsarbeit an, also auf die Fähigkeit zur Selbstorganisation, zum «Selbsttätigwerden» oder zur «Selbsteinbettung». In Projekten bürgerschaftlichen Engagements wird diese Fähigkeit gebraucht und zugleich gefördert. Das Gelingen dieser Identitätsarbeit bemisst sich für das Subjekt von Innen an dem Kriterium der Authentizität und von aussen am Kriterium der Anerkennung.

Im Zentrum der Anforderungen für eine gelingende Lebensbewältigung stehen also die Fähigkeiten zur Selbstorganisation, zur Verknüpfung von Ansprüchen auf ein gutes und authentisches Leben mit den gegebenen Ressourcen und letztlich die innere Selbstschöpfung von Lebenssinn. Das alles findet natürlich in einem mehr oder weniger förderlichen soziokulturellen Rahmen statt, der aber die individuelle Konstruktion dieser inneren Gestalt nie ganz abnehmen kann. Es gibt gesellschaftliche Phasen, in denen die individuelle Lebensführung in einen stabilen kulturellen Rahmen «eingebettet» wird, der Sicherheit, Klarheit, aber auch hohe soziale Kontrolle vermittelt, und es gibt Perioden der «Entbettung»[45], in denen die individu-

---

45 *Giddens*, Moderne 123.

elle Lebensführung wenige kulturelle Korsettstangen nutzen kann bzw. von ihnen eingezwängt wird und eigene Optionen und Lösungswege gesucht werden müssen. Gerade in einer Phase gesellschaftlicher Modernisierung, wie wir sie gegenwärtig erleben, ist eine selbstbestimmte «Politik der Lebensführung» unabdingbar.

Welche Ressourcen werden benötigt?

Welche Ressourcen werden also benötigt, um selbstbestimmt und selbstwirksam eigene Wege in einer so komplex gewordenen Gesellschaft gehen zu können? Ohne Anspruch auf Vollständigkeit lassen sich die folgenden nennen:

1. Urvertrauen zum Leben

Um Lebenssouveränität zu gewinnen, ist während der «Startphase» des Lebens ein Gefühl des Vertrauens in die Kontinuität des Lebens eine zentrale Voraussetzung, ich nenne es ein *Urvertrauen zum Leben*. Es ist begründet in der Erfahrung, dass man gewünscht ist, dass man sich auf die Personen, auf die man existenziell angewiesen ist, ohne Wenn und Aber verlassen kann. Es ist das, was die Bindungsforschung eine sichere Bindung nennt, die auch durch vorübergehende Abwesenheit von Bezugspersonen und durch Konflikte mit ihnen nicht gefährdet wird.

2. Dialektik von Bezogenheit und Autonomie

Eine Bindung, die nicht zum Loslassen ermutigt, ist keine sichere Bindung, deswegen hängt eine gesunde Entwicklung an der Erfahrung der *Dialektik von Bezogenheit und Autonomie*. Schon Erikson hat aufgezeigt, dass Autonomie nur auf der Grundlage eines gefestigten Urvertrauens zu gewinnen ist. Die Psychoanalytikerin Jessica Benjamin[46] hat in ihrem wichtigen Buch «Die Fesseln der Liebe» deutlich gemacht, dass sich gerade im Schatten der Restbestände patriachaler Lebensformen Frauen und Männer in je geschlechtsspezifischer Vereinseitigung dem Pol Bezogenheit oder Autonomie zuordnen und

---

46 *Benjamin*, Fesseln.

so die notwendige Dialektik zerstören. Heraus kommt das Jammergeheul misslingender Beziehungen: «Du verstehst mich nicht!»

3. Entwicklung von «Lebenskohärenz»

Lebenskompetenz braucht einen Vorrat von «*Lebenskohärenz*». Aaron Antonovsky[47] hat in seinem salutogenetischen Modell nicht nur die individuelle identitäts- und gesundheitsbezogene Relevanz des *sense of coherence* aufgezeigt, sondern auch Vorarbeiten zu einem Familienkohärenzgefühl hinterlassen. Werte und Lebenssinn stellen Orientierungsmuster für die individuelle Lebensführung dar. Sie definieren Kriterien für wichtige und unwichtige Ziele, sie werten Handlungen und Ereignisse nach gut und böse, erlaubt und verboten. Traditionelle Kulturen lassen sich durch einen hohen Grad verbindlicher und gemeinsam geteilter Wertmassstäbe charakterisieren. Individuelle Wertentscheidungen haben nur einen relativ geringen Spielraum. Der gesellschaftliche Weg in die Gegenwart hat zu einer starken Erosion immer schon feststehender Werte und zu einer Wertepluralisierung geführt. Dies kann als Freiheitsgewinn beschrieben werden und hat dazu geführt, dass die Subjekte der Gegenwart als «Kinder der Freiheit» charakterisiert werden. Die «Kinder der Freiheit» werden meist so dargestellt, als hätten sie das Wertesystem der Moderne endgültig hinter sich gelassen. Es wird als «Wertekorsett» beschrieben, von dem man sich befreit habe, und nun könne sich jede und jeder einen eigenen Wertecocktail zurechtmixen. Das klingt nach unbegrenzten Chancen der Selbstbestimmung und Selbstverwirklichung. Aber diese Situation beschreibt keine frei wählbare Kür, sondern sie stellt eine Pflicht dar, und diese zu erfüllen erfordert Fähigkeiten und Kompetenzen, über die längst nicht alle Menschen in der Reflexiven Moderne verfügen.

4. Schöpfung sozialer Ressourcen durch Netzwerkbildung

Wenn wir die sozialen Baumeister unserer eigenen sozialen Lebenswelten und Netze sind, dann ist eine spezifische Beziehungs- und Verknüpfungsfähigkeit erforderlich, nennen wir sie *soziale Ressourcen*. Der Bestand immer schon vorhandener sozialer Bezüge wird geringer, und der Teil unseres sozialen Bezie-

---

47 *Antonovsky*, Salutogenese.

hungsnetzes, den wir uns selbst schaffen und den wir durch Eigenaktivität aufrechterhalten (müssen), wird grösser. Nun zeigen die entsprechenden Studien, dass das moderne Subjekt keineswegs ein «Einsiedlerkrebs» geworden ist, sondern im Durchschnitt ein grösseres Netz eigeninitiierter sozialer Beziehungen aufweist, als es seine Vorläufergenerationen hatten: Freundeskreise, Interessengemeinschaften, Nachbarschaftsaktivitäten, Vereine, Selbsthilfegruppen, Initiativen. Es zeigt sich nur zunehmend auch, dass sozioökonomisch unterprivilegierte und gesellschaftlich marginalisierte Gruppen offensichtlich besondere Defizite aufweisen bei dieser gesellschaftlich immer stärker geforderten eigeninitiativen Beziehungsarbeit. Die sozialen Netzwerke von Arbeiterinnen und Arbeitern beispielsweise sind in den Nachkriegsjahrzehnten immer kleiner geworden. Von den engmaschigen und solidarischen Netzwerken der Arbeiterfamilien, wie sie noch in den 50er Jahren in einer Reihe klassischer Studien aufgezeigt und in der Studentenbewegung teilweise romantisch überhöht wurden, ist nicht mehr viel übrig geblieben. Das «Eremitendasein» ist am ehesten hier zur Realität geworden. Unser *soziales* Kapital, die sozialen Ressourcen, sind ganz offensichtlich wesentlich mitbestimmt von unserem Zugang zu *ökonomischem* Kapital. Für offene, experimentelle, auf Autonomie zielende Identitätsentwürfe ist von allergrösster Bedeutung die Frage nach sozialen Beziehungsnetzen, in denen Menschen dazu ermutigt werden: Sie brauchen *Kontexte sozialer Anerkennung*. Da gerade Menschen aus sozial benachteiligten Schichten nicht nur besonders viele Belastungen zu verarbeiten haben und die dafür erforderlichen Unterstützungsressourcen in ihren Lebenswelten eher unterentwickelt sind, halte ich die gezielte professionelle und sozialstaatliche Förderung der Netzwerkbildung bei diesen Bevölkerungsgruppen für besonders relevant.

5. Materielles Kapital als Bedingung für Beziehungskapital

Ein offenes Identitätsprojekt, in dem neue Lebensformen erprobt und eigener Lebenssinn entwickelt werden, bedarf *materieller Ressourcen*. Hier liegt das zentrale und höchst aktuelle sozial- und gesellschaftspolitische Problem. Eine Gesellschaft, die sich ideologisch, politisch und ökonomisch fast ausschliesslich auf die Regulationskraft des Marktes verlässt, vertieft die gesellschaftliche Spaltung und führt auch zu einer wachsenden Ungleichheit der Chancen an Lebensgestaltung. Hier holt uns immer wieder die klassische soziale Frage ein. Die Fähigkeit zu und die Erprobung von Projekten der Selbstorganisation sind ohne ausreichende materielle Absicherung nicht möglich. Ohne Teilhabe am gesellschaftlichen Lebensprozess in Form von sinnvoller Tätigkeit und angemessener Bezahlung wird Identitätsbildung zu einem zynischen Schwebezustand, den auch ein «postmodernes Credo» nicht zu einem Reich der Freiheit aufwerten kann. Dieser Punkt ist von besonderer sozialpolitischer Bedeutung. In allen Wohlfahrtsstaaten beginnen starke Kräfte, die konsensuellen Grundlagen der Prinzipien der Solidargemeinschaft zu demontieren. Das spricht Zygmunt Bauman in seiner Analyse an: «Der Sozialstaat war darauf ausgerichtet, eine Schicksalsgemeinschaft dadurch zu institutionalisieren, dass seine Regeln für jeden Beteiligten (jeden Bürger) gleichermassen gelten sollten, sodass die Bedürftigkeit des einen verrechnet würde mit dem Gewinn des anderen.»[48] Wie Bauman aufzeigt, gefährdet gegenwärtig der universalisierte Kapitalismus und seine ökonomische Logik pur das Solidarprinzip: «War der Aufbau des Sozialstaates der Versuch, im Dienste der moralischen Verantwortung ökonomisches Interesse zu mobilisieren, so decouvriert die Demontage des Sozialstaates das ökonomische Interesse als Instrument zur Befreiung des politischen Kalküls von moralischen Zwängen.»[49] Dramatische Worte wählt Bauman für das erkennbare Resultat dieses Paradigmenwechsels: «Die gnadenlose Pulverisierung der kollektiven Solidarität durch Verbannung kommunaler Leistungen hinter die Grenzen des politischen Prozesses, die massive Freigabe der Preisbindung bei lebenswichtigen Gütern und die politisch geförderte Institutionalisierung individueller Egoismen zum letzten Bollwerk sozialer Rationalität zu haben, [... hat] ein veritables ‹soziales München› bewirkt» (1993). Die intensive Suche nach zukunftsfähigen Modellen «materieller Grundsicherung» ist von höchster Wertepriorität. Die Koppelung sozialstaatlicher Leistungen an die Erwerbsarbeit erfüllt dieses Kriterium immer weniger.

6. Demokratische Alltagskultur durch Partizipation

Nicht mehr die Bereitschaft zur Übernahme von fertigen Paketen des «richtigen Lebens», sondern die *Fähigkeit zum Aushandeln* ist notwendig: Wenn es in unserer Alltagswelt keine unverrückbaren allgemein akzeptierten Normen mehr gibt ausser einigen Grundwerten, wenn wir keinen «Knigge» mehr haben, der uns für alle wichtigen Lebenslagen das angemessene Verhalten vor-

---

48 *Bauman*, Vom Pilger 298.
49 Ebd.

geben kann, dann müssen wir die Regeln, Normen, Ziele und Wege beständig neu aushandeln. Das kann nicht in Gestalt von Kommandosystemen erfolgen, sondern erfordert demokratische Willensbildung, verbindliche Teilhabechancen im Alltag, in den Familien, in der Schule, Universität, in der Arbeitswelt und in Initiativ- und Selbsthilfegruppen. Dazu gehört natürlich auch eine gehörige Portion von Konfliktfähigkeit. Die «demokratische Frage» ist durch die Etablierung des Parlamentarismus noch längst nicht abgehakt, sondern muss im Alltag verankert werden.

7. Selbstwirksamkeitserfahrungen durch Engagement

Hier hängen Verwirklichungschancen eng mit der Idee der Zivilgesellschaft zusammen. Diese lebt von dem Vertrauen der Menschen in ihre Fähigkeiten, im wohlverstandenen Eigeninteresse gemeinsam mit anderen die Lebensbedingungen für alle zu verbessern. Zivilgesellschaftliche Kompetenz entsteht dadurch, «dass man sich um sich selbst und für andere sorgt, dass man in die Lage versetzt ist, selber Entscheidungen zu fällen und eine Kontrolle über die eigenen Lebensumstände auszuüben sowie dadurch, dass die Gesellschaft, in der man lebt, Bedingungen herstellt, die allen ihren Bürgerinnen und Bürgern dies ermöglichen.»[50]

Und die Psychotherapie?

1. Subjekte einer individualisierten und globalisierten Netzwerkgesellschaft können in ihren Identitätsentwürfen nicht mehr problemlos auf kulturell abgesicherte biografische Schnittmuster zurückgreifen. In diesem Prozess stecken ungeheure Potenziale für selbstbestimmte Gestaltungsräume, aber auch die leidvolle Erfahrung des Scheiterns. Psychotherapie kann für Subjekte ein hilfreiches Angebot sein, sich in diesen gesellschaftlichen Umbruchprozessen Unterstützung bei einer Neuorientierung, Reflexion und Selbstorganisation zu holen, sie kann aber auch «Trainingslager» für Fitness im Netzwerkkapitalismus liefern. Sie stellt einen Rahmen der «inneren Modernisierung» dar, aber die Frage, was in diesem Rahmen Emanzipation oder Affirmation sein kann, bleibt auf der Tagesordnung.

---

50 *WHO*, Ottawa Charta.

2. Psychotherapie kann und soll *Gesellschaftsdiagnostik* betreiben und diese im öffentlichen Raum kommunizieren: Die in den privatisierten und individualisierten Problem- und Leidenszuständen der Subjekte enthaltenen gesellschaftlichen Hintergründe kann man entschlüsseln und sichtbar machen. Dies ist auch die Voraussetzung für sinnvolle Projekte der Prävention und Gesundheitsförderung.

3. Ich sehe für die Psychotherapie prinzipiell die Notwendigkeit, ihr *Rollenverständnis* nicht auf eine operative Dienstleistung reduzieren zu lassen. In den frühen Phasen der Entstehung psychotherapeutischer Handlungsmöglichkeiten war das deutlich anders. So hat sich beispielsweise Freud nie nur auf therapeutisch-technische Fragen reduziert, sondern er hat immer einen Blick auf die kulturelle Einbettung geworfen. Skinner hat nicht nur wichtige theoretische Grundlagen der Verhaltenstherapie geschaffen, sondern er hat sich Gedanken über eine Gesellschaft ohne Repression gemacht. Und Rogers hat seinen Ansatz immer als humanistisches Projekt begriffen. Man mag zu den Antworten, die die genannten Gründerfiguren gefunden haben, stehen, wie man mag, aber sie haben sich gesellschaftlich positioniert.

4. Die Psychotherapie ist auch in Bezug auf ihre *Menschenbildannahmen* auf einen kritischen Prüfstand gestellt worden. Ist der von ihr konstruierte «homo psychologicus» nicht eine fragwürdige Figur? Das psychotherapeutische Angebot, an der eigenen Person zu arbeiten, kann den Veränderungsraum auf das individuelle Erleben und Verhalten einengen, und die gesellschaftlichen Bedingungen bleiben ausserhalb des Veränderungshorizontes. Eine solche psychologistische Reduktion fügt sich sehr gut ein in ein neoliberales Menschenbild, das eine maximierte Selbstkontrolle als Fortschritt anpreist. Johanno Strasser hat diese Kritik zugespitzt.[51] Er vertritt die These, dass Ausbeutung und Entfremdung zunehmend weniger als fremd gesetzter Zwang einem Menschen begegnet, sondern mehr und mehr zu einer Selbsttechnologie wird, zu einer Selbstdressur, die allerdings in den Ideologien des Neoliberalismus in einem Freiheits- oder Autonomiediskurs daherkommt. Psychotechnologien haben eine besondere Konjunktur, um aus einer Ideologie eine formende Praxis zu machen.

5. Langezeit haben die westlichen Industriegesellschaften dem Thema *soziale Ungleichheit im Zugang zu psychosozialen Ressourcen* keine grosse Beachtung mehr geschenkt, obwohl die Ergebnisse der Forschung keinen

---

51 *Strasser*, Triumph 1.

Anlass boten, die frühere Relevanz dieser Fragestellung aus dem Blickfeld zu verlieren. In den 70er und 80er Jahren wurde die Notwendigkeit gemeindepsychiatrischer Reformmassnahmen und einer Verbesserung der psychotherapeutischen Basisversorgung unter anderem mit folgender dramatischen Scherenentwicklung begründet: Einerseits häuften sich die Befunde, dass psychisches Leid in hohem Mass mit gesellschaftlicher Ungleichheit korreliert ist, also Angehörige der unterprivilegierten sozialen Schichten die höchsten Störungsraten aufweisen; andererseits entwickelte sich ein gewaltiges psychotherapeutisches Angebot, von dem offensichtlich genau die Menschen am wenigsten profitierten, die das höchste Störungsrisiko zu tragen haben. Die verfügbaren sozialepidemiologischen Daten konnten diese Einschätzung beweiskräftig untermauern. Ist das Thema soziale Ungleichheit aus dem fachlichen Aufmerksamkeitszentrum verschwunden, weil soziale Unterschiede an Bedeutung verloren haben und allmählich die «nivellierte Mittelstandsgesellschaft» entstanden ist, die schon von einigen konservativen Ideologen in den 50er Jahren verkündet worden war? Empirisch spricht für diese Deutung nichts. Plausibler dürfte die Erklärung sein, dass die Psychotherapie in ihrem Aufmerksamkeitsverlust für kollektive Lebenslagen in besonderem Mass an der Erosion kollektiver Erfahrungs-, Wahrnehmungs- und Erlebnisweisen teilhat, die auf die weitreichenden gesellschaftlichen Individualisierungs- und Pluralisierungsprozesse zurückzuführen sind. In diesen Prozessen wird nicht der objektiv ungleiche Zugang zu gesellschaftlichen Ressourcen aufgehoben, aber das gesellschaftliche Bewusstsein für diese Ungleichheit verändert sich. Diese individualisierende Verkürzung steht im Widerspruch zu einer wachsenden Ungleichheitsverteilung der materiellen Güter im globalisierten Kapitalismus, und wir haben eindrucksvolle Belege für deren gesundheitspolitische Relevanz. Menschen, die in relativer Armut aufwachsen, haben in Bezug auf alle uns verfügbaren Gesundheitsindikatoren schlechtere Chancen. Es kommt noch eine weitere Dimension hinzu: Gesellschaften, in denen die Schere zwischen arm und reich besonders gross ist und insofern die Erwartung einer gerechten Verteilung der vorhandenen Ressourcen immer weniger erfüllt wird, haben epidemiologisch nachgewiesen die höchsten Morbiditätsraten.[52]

6. Es mag in manchen Ohren altmodisch klingen, aber ich halte diese Einordnung aus: Es sollte immer noch Ziel unsere Aktivitäten die Förderung

---

52 Vgl. *Wilkinson*, Gesellschaften.

von Emanzipation und Aufklärung sein. Das liesse sich philosophisch mit Kant begründen, dann würden wir von dem «Ausgang des Menschen aus seiner selbstverschuldeten Unmündigkeit» sprechen. Etwas handhabbarer ist das aktuelle Konzept der Verwirklichungschancen oder «Capabilities», wie es von dem Nobelpreisträger Amartya Sen und seiner Lebenspartnerin Martha Nussbaum entwickelt worden ist. Amartya Sen knüpft mit seinem Konzept der Verwirklichungschancen einerseits an der Idee der Freiheit und den gesellschaftlichen Bedingungen an, die zur Realisierung von eigenen Lebensvorstellungen erforderlich sind. Unter Verwirklichungschancen versteht er die Möglichkeit von Menschen, «bestimmte Dinge zu tun und über die Freiheit zu verfügen, ein von ihnen mit Gründen für erstrebenswert gehaltenes Leben zu führen»[53], oder an anderer Stelle bestimmt er sie als «Ausdrucksformen der Freiheit: nämlich der substantiellen Freiheit, alternative Kombinationen von Funktionen zu verwirklichen (oder, weniger formell ausgedrückt, der Freiheit, unterschiedliche Lebensstile zu realisieren)»[54]. Der Ökonom Sen betont die Bedeutung materieller Grundvoraussetzungen als Verwirklichungschance, aber es kommen weitere Ressourcen hinzu, nicht zuletzt auch das, was Kant mit seiner Empowerment-Aussage angesprochen hat: «Habe Mut, dich deines eigenen Verstandes zu bedienen!» Ist das nicht auch ein Appell für uns Psychofachleute?

Literatur

Antonovsky, Aaron: Salutogenese. Zur Entmystifizierung der Gesundheit, Tübingen 1997.
Baier, Lothar: Gleichheitszeichen. Streitschriften über Abweichung und Identität, Berlin 1985.
Bauman, Zygmunt: Flaneure, Spieler und Touristen. Essays zu postmodernen Lebensformen, Hamburg 1997.
Bauman, Zygmunt: Liquid modernity, Cambridge 2000.
Bauman, Zygmunt: Vom Pilger zum Touristen – Postmoderne Identitätsprojekte, in: *Keupp, Heiner (Hg.):* Der Mensch als soziales Wesen. Sozialpsychologisches Denken im 20. Jahrhundert. Ein Lesebuch, München ²1998, 295–300.
Bauman, Zygmunt: Verworfenes Leben. Die Ausgegrenzten der Moderne, Hamburg 2005.
Benjamin, Jessica: Die Fesseln der Liebe. Psychoanalyse, Feminismus und das Problem der Macht, Frankfurt a. M. 1993.

---

53 *Sen*, Ökonomie 108.
54 A. a. O. 95.

Bohleber, Werner: Zur Bedeutung der neueren Säuglingsforschung für die psychoanalytische Theorie der Identität, in: *Keupp, Heiner/Höfer, Renate (Hg.):* Identitätsarbeit heute, Frankfurt a. M. 1997, 93–119.

Bröckling, Ulrich: Das unternehmerische Selbst. Soziologie einer Subjektivierungsform, Frankfurt a. M. 2007.

Ehrenberg, Alain: Das erschöpfte Selbst. Depression und Gesellschaft in der Gegenwart, Frankfurt a. M. 2004.

Erikson, Erik H.: Einsicht und Verantwortung, Stuttgart 1964.

Erikson, Erik H.: Identität und Lebenszyklus, Frankfurt a. M. 1966.

Erikson, Erik H.: Lebensgeschichte und historischer Augenblick, Frankfurt a. M. 1982.

Fend, Helmut: Identitätsentwicklung in der Adoleszenz, Bern 1991.

Freytag, Tatjana: Der unternommene Mensch. Eindimensionalisierungsprozesse in der gegenwärtigen Gesellschaft, Weilerswist 2008.

Gergen, Kenneth J.: The self: death by technology, in: *Dwight, Fee (Hg.):* Pathology and the postmodern. Mental illness as discourse and experience, London 2000, 100–115.

Giddens, Anthony: Konsequenzen der Moderne, Frankfurt a. M. 1995.

Greenwood, John D.: Realism, identity and emotion. Reclaiming social psychology, London 1994.

Habermas, Jürgen: Die Neue Unübersichtlichkeit, Frankfurt a. M. 1985.

Habermas, Jürgen: Die postnationale Konstellation, Frankfurt a. M. 1998.

Hall, Stuart: Rassismus und kulturelle Identität, Hamburg 1994.

Jörissen, Benjamin/Zirfas, Jörg (Hg.): Schlüsselwerke der Identitätsforschung, Wiesbaden 2010.

Keupp, Heiner: Auf dem Weg zur Patchwork-Identität?, in: Verhaltenstherapie und psychosoziale Praxis 20 (1988) 425–438.

Keupp, Heiner/Ahbe, Thomas/Gmür, Wolfgang/Höfer, Renate/Kraus, Wolfgang/Mitzscherlich, Beate/Straus, Florian: Identitätskonstruktionen. Das Patchwork der Identität in der Spätmoderne, Reinbek ³2006.

Keupp, Heiner/Höfer, Renate (Hg.): Identitätsarbeit heute, Frankfurt a. M. 1997.

Khamneifar, Cyrus: Wie stellt sich der anhaltende gesellschaftliche Wandel für PsychotherapeutInnen dar? – Theoretische und empirische Positionen vor dem Hintergrund ausgewählter sozialwissenschaftlicher Gesellschaftsanalysen und unter besonderer Berücksichtigung der Psychoanalyse, Hamburg 2008.

Kickbusch, Ilona: Die Gesundheitsgesellschaft, Hamburg 2005.

Lasch, Christopher: The minimal self. Psychic survival in troubled times, New York 1984.

Muschg, Adolf: Identität ist noch nirgends vom Himmel gefallen, in: Süddeutsche Zeitung vom 12.05.2005, 13.

Nunner-Winkler, Gertrud: Das Identitätskonzept. Eine Analyse impliziter begrifflicher und empirischer Annahmen in der Konstruktbildung. Beiträge zur Arbeitsmarkt- und Berufsforschung, Nürnberg 1983.

Platon: Hauptwerke. Hg. v. W. Nestle, Stuttgart 1958.

Sen, Amartya: Ökonomie für den Menschen. Wege zur Gerechtigkeit und Solidarität in der Marktwirtschaft, München 2000.

Sennett, Richard: Etwas ist faul in der Stadt. Wenn die Arbeitswelt bröckelt, wird die Lebenswelt kostbar: Perspektiven einer zukünftigen Urbanität, in: DIE ZEIT Nr. 5 vom 26.01.1996, 47/48.

Sennett, Richard: Der flexible Mensch. Die Kultur des neuen Kapitalismus, Berlin 1998 (engl.: The corrosion of character, New York 1998).

Strasser, Johanno: Triumph der Selbstdressur, in: Süddeutsche Zeitung, Nr. 214 vom 16./17. September 2000, I.

Summer, Elisabeth: Macht die Gesellschaft depressiv? Alain Ehrenbergs historische Verortung eines Massenphänomens im Licht sozialwissenschaftlicher und therapeutischer Befunde, Bielefeld 2008.

Toulmin, Stephen: Kosmopolis. Die unerkannten Aufgaben der Moderne, Frankfurt a. M. 1991.

Walzer, Michael: Sphären der Gerechtigkeit. Ein Plädoyer für Pluralität und Gleichheit, Frankfurt a. M. 1992.

Weber, Max: Die protestantische Ethik und der Geist des Kapitalismus, in: *ders.*: Gesammelte Aufsätze zur Religionssoziologie I, Tübingen 1963.

Wetherell, Margaret/Mohanty, Chandra Talpade (Hg.): The Sage Handbook of Identities, Los Angeles 2010.

WHO: Ottawa Charta zur Gesundheitsförderung, online unter http://www.euro.who.int/AboutWHO/Policy/20010827_2?language 1986.

Wilkinson, Richard G.: Kranke Gesellschaften. Soziales Gleichgewicht und Gesundheit, Wien/New York 2001.

Wulff, Erich: Der Arzt und das Geld. Der Einfluss von Bezahlungssystemen auf die Arzt-Patient-Beziehung, in: Das Argument 69 (1971) 955–970.

Erikson und die Religion

Religionspädagogische Streiflichter zur Identitätsfrage

Christian Cebulj

Identität ist ursprünglich keine religiöse Kategorie. Der Begriff kommt weder in der Bibel noch im Inventar der jüdisch-christlichen Theologie vor. Da die anthropologische Grundfrage: Wer bin ich? jedoch zu jenen Schlüsselfragen menschlichen Lebens gehört, die immer wieder den Bereich des Religiösen berühren, liegt die religiöse Dimension des Identitätsthemas auf der Hand. Nicht zufällig gewinnt deshalb der Begriff der Identität in der Theologie ab der zweiten Hälfte des 20. Jahrhunderts zunehmend an Bedeutung und ist heute aus den Diskursen der meisten theologischen Disziplinen nicht mehr wegzudenken.

Im vorliegenden Beitrag werden zuerst in die Bezüge zwischen Identität und Religion skizziert. Das kann angesichts der vielfältigen Bezüge zwischen beiden Themenfeldern nur in groben Pinselstrichen geschehen (1). Mit dem Modell der Identitätsentwicklung von Erik Erikson wird im zweiten Schritt eine exemplarische Verbindungslinie zwischen der Religions- und der Identitätsthematik genauer untersucht, die besonders in der Religionspädagogik ihre Spuren hinterlassen hat (2). Einige Thesen zu der religionspädagogischen Aufgabe, Kindern und Jugendlichen einen Weg zur Selbstfindung und zu gelingendem Leben aufzuzeigen, schliessen den Beitrag ab (3).

1 Religion und Identität

1.1 Die Suche nach Identität als Zeitsignatur

«Identitätsnachweis»
Ich ist verschieden
Ich ist von sich selbst verschieden
Ich kann es nicht fassen [...]

Ich hoffnungsloser Fall
kann es nicht lassen»

Hans Magnus Enzensberger[1]

Wer bin ich? – Seit Beginn der neuzeitlichen Geschichte der Philosophie stellen Menschen mit diesen Worten die Frage nach der eigenen Identität. Die klassische Identitätsfrage stellt sich heute auf zugespitzte Weise: «Wer bin ich in einer Welt der Postmoderne, deren Grundriss sich unter den Bedingungen der Individualisierung, Pluralisierung und Globalisierung schnell und tief greifend verändert?»[2]

Der Marburger Religionspädagoge Bernhard Dressler hat einmal treffend festgestellt, dass nach Identität meist dann gefragt wird, wenn sie zum Problem geworden ist. Solange die Frage, wer ich bin, selbstverständlich vorgegeben ist durch eine Ordnung der Welt, durch die Zugehörigkeit zu einem Milieu, zu einer Tradition oder zu einer Gemeinschaft, solange stellt sich die Frage nach Identität nicht.[3] Die Frage nach Identität stellt sich insofern also immer zu spät: Sie stellt sich, wenn ich ein Problem mit meiner Identität habe, wenn die früheren Orientierungen fragwürdig geworden sind, wenn ich mit mir selbst und der Welt, in der ich lebe, nicht mehr übereinstimme. Dann beginnt die Suche nach Identität.

Oder anders gewendet: «Der Bruch, nicht einfach sein zu können, was man schon ist, setzt, wird er erst einmal erfahren, einen Bildungsprozess in Gang.»[4] Dieser Bildungsprozess ist ein Prozess der Identitätsbildung, denn das Selbst beginnt sich nicht nur als Subjekt (Ich), sondern als Gegenstand (Mich) von Bildung zu begreifen. Identität und Differenz gehören beim Menschen also deshalb zusammen, weil das zu bildende praktische Selbstverhältnis eine unabschliessbare Aufgabe bildet.[5]

Sie ist eingebettet in die wichtigste Voraussetzung unseres modernen Verständnisses von Subjektivität und Identität, nämlich eine Vielfalt von Weltanschauungen und Lebensstilen, in einen Pluralismus von möglichen Sinnentwürfen, der uns vor die Wahl bzw. unser eigenes Herkommen infrage stellt: Wenn ich erlebe, dass es auch andere Arten zu leben gibt als meine, dann frage

---

1 *Enzensberger*, Luft 106.
2 Vgl. *Keupp*, Identitätskonstruktionen 7; siehe auch *Keupp*, Ringen, in diesem Band.
3 Vgl. *Dressler*, Identitäten 236.
4 *Goertz*, Identität 127.
5 Vgl. ebd.

42

ich: Warum lebe ich so und nicht anders? Ich werde mir selbst fraglich. Ich muss unterschiedliche Lebensfelder für mich zum Patchwork einer passförmigen Identitätskonstruktion verknüpfen. Diese Herausforderung an das moderne Subjekt gilt kulturgeschichtlich mit dem Aufkommen des Pluralismus und gilt lebensgeschichtlich mit der Phase, wenn das Kleinkind aus der fraglosen Geborgenheit der Familie heraustritt und anderen Familien, Kindern, Erwachsenen begegnet, mit vielleicht ganz anderen Ansichten, Wertvorstellungen, Erziehungsstilen usw.

Nicht zufällig hat der Identitätsbegriff in 1950er und 1960er Jahren seine programmatische Ausformung erlebt, als die Geschlossenheit der Gesellschaften Westeuropas immer mehr aufbrach und zunehmend plural wurde. Sowohl von der Psychoanalyse als auch von der Soziologie her wurde die Frage nach der Identität drängend. Beide Disziplinen blickten von zwei Seiten auf das gleiche Problem: die Soziologie von den gesellschaftlichen Veränderungen her und ihren Auswirkungen auf den Einzelnen, die Psychoanalyse von den wahrnehmbaren innerpsychischen Veränderungen her.

1.2 Theologische Dimensionen von Identität

«Bin ich das wirklich, was andere von mir sagen, oder bin ich nur das, was ich selbst von mir weiß? Wer bin ich, der oder jener? Bin ich denn heute dieser oder morgen ein anderer? Bin ich beides zugleich? Wer ich auch bin, Du kennst mich, Dein bin ich, o Gott!»

Dietrich Bonhoeffer[6]

Identität ist als Konzept zwar ursprünglich in den Humanwissenschaften beheimatet, hat sich aber auch in der Theologie seit Langem als Schlüsselbegriff etabliert, denn die Wechselbezüge zwischen der Identitäts- und der Religionsthematik sind zahlreich.[7] Formuliert man die zentrale Problemstellung psychischer und sozialer Identität mit der Frage: *Woher kommen wir?* oder: *Wohin gehen wir?*, so wird schnell die theologische und religionswissenschaftliche Relevanz des Themas offenkundig: Theologisch gesprochen geschieht Identitätsbildung durch die Beziehung zu Gott, Theologie reflektiert insofern nicht nur über Identität, sondern denkt über den Ermöglichungsgrund von

---

6   *Bonhoeffer*, Widerstand und Ergebung 179.
7   Vgl. die Übersicht zum Thema bei *Zarnow*, Identität.

Identitätsbildung nach.[8] Schon an den ältesten Schöpfungsmythen der Religionsgeschichte zeigt sich, dass sie mit ihren Diesseits- und Jenseitsvorstellungen im Grunde auf die zentralen Identitätsfragen des Menschen zu antworten versuchen.[9] Bezüge zur Identitätsthematik lassen sich vor allem in theologisch-ethischen und praktisch-theologischen Zusammenhängen herstellen. Die Anthropologie bildet dabei das Bindeglied zwischen humanwissenschaftlichen und theologischen Fragestellungen, denn theologisch gesprochen steht die Selbstfindung des Subjekts in engem Zusammenhang mit der Selbstmitteilung Gottes an den Menschen.

Obwohl der Begriff Identität also ursprünglich nicht zum Inventar der jüdisch-christlichen Theologie gehört, gibt es eine Vielzahl theologischer Berührungspunkte mit der Identitätsdebatte. Heute wird vor allem die Frage aufgeworfen, welches freiheits- und identitätsstiftende Potenzial Religion und Glaube im Zeitalter der Post- bzw. Spätmoderne bereithalten. Dabei versteht es sich nicht von selbst, dass die Theologie den Beitrag des Glaubens zur individuellen Freiheitsgeschichte unter Bezugnahme auf die verschiedenen Phasen und Dimensionen der Identitätsentwicklung geltend machen kann. Zwar steht ausser Zweifel, dass die Identitätsfrage in ihrer ganzen Komplexität heute nur noch im interdisziplinären Gespräch über die *conditio humana* in all ihren Dimensionen behandelt werden kann, wozu eben auch die Dimension des Religiösen zählt. Interessanterweise wird der Theologie ja selbst von ihren engagiertesten Kritikern zugestanden, dass die Identitätsthematik mit Religion und Religiosität zusammenhängt. Andererseits wird diese Tatsache von der Theologie oft zu schnell stillschweigend vorausgesetzt und nicht weiter hinterfragt.

Es wäre aber nicht viel gewonnen, den Begriff Identität unspezifisch mit dem christlichen Glauben an einen Sinn des Lebens, an das wahre Selbst oder mit der Suche nach normativer Ordnung in Verbindung zu bringen, um daraus seine bleibende Aktualität zu folgern. Die zentrale Bedeutung, die der Kategorie Identität sowohl in theologischen wie in religionspädagogischen Konzepten zukommt, erfordert es vielmehr, die theologische Dimension der Identität im interdisziplinären Gespräch weiterzuentwickeln. Diese Aufgabe wird dadurch erschwert, dass im Identitätsdiskurs der Geistes- und Humanwissenschaften im deutschen Sprachraum bisher kein allseitig abgeklärtes Identitätskonzept vorliegt.

---

8   Vgl. *Fraas*, Religiosität 82.
9   Vgl. *Gephart*, Identität 20.

Darin liegen aber Chance und Schwierigkeit zugleich: Einerseits beschwört die Verwendung des Identitätsbegriffs immer noch erhebliche terminlogische Unklarheiten herauf. Andererseits bedeutet dies, dass sich auch Theologie und Religionspädagogik kein umfassendes Identitätskonzept vorgeben lassen müssen, sondern aufgerufen sind, selbst an seiner Erarbeitung mitzuwirken. Versteht man die Debatte um den Identitätsbegriff als einen anthropologischen Diskurs, in dem sich die verschiedenen Disziplinen ihres Wissens vom Menschen und seiner geschichtlichen Situation versichern wollen, so wird deutlich, dass dieser Diskurs in der Vergangenheit fast ausschliesslich ein Dialog zwischen Theologie und Philosophie war. Zwar spielte der Begriff der Identität dabei explizit nur in Ausnahmefällen eine Rolle. De facto war das Gespräch zwischen Philosophie und Theologie aber nicht selten ein Diskurs über Identität, der die Identitätsthematik unter anderen Begriffen wie etwa dem (trinitarischen) Personbegriff verhandelte.[10] Erst in der Neuzeit schwingt sich der Identitätsbegriff zu einem Reflexionsgegenstand im engeren Sinne auf. Die Komplexität des Verhältnisses zwischen Identität und Religion erfordert eine Beschränkung des vorliegenden Beitrags auf einen ihrer Teilaspekte. Er geht deshalb den vielfältigen Verbindungslinien zwischen Identität und Religion am Beispiel der ichpsychologischen Identitätstheorie von Erik Erikson nach.

2 Erikson und die Religion

Das Konzept der Identitätsentwicklung von Erik Erikson (1902–1994) stellt das in den Geistes- und Sozialwissenschaften am häufigsten rezipierte, aber auch am meisten kritisierte Identitätsmodell des letzten Jahrhunderts dar.[11] Da Eriksons Konzept zu den wenigen identitätstheoretischen Modellen gehört, die überhaupt die Religion als Entwicklungsfaktor berücksichtigen, ist es in besonderer Weise für eine Untersuchung der Schnittstelle zwischen Identität und Religion geeignet.[12]

«Wer über Identität nachdenkt, ist in guter Gesellschaft, wenn er mit dem Ansatz von Erik H. Erikson beginnt.» Mit diesen Worten eröffnet der Germanist Wolfgang Kraus seine in den Geisteswissenschaften breit rezipierte Disser-

---

10 Vgl. dazu *Werbick*, Glaube 55; *Stock*, Person.
11 Vgl. *Keupp*, Identitätskonstruktionen 25 ff.
12 Vgl. die Beiträge in *Schwab*, Erikson.

tation zur Frage der narrativen Identität[13] und behält damit bis heute Recht. Eriksons Überlegungen besitzen eine solche Vielfalt von Bezügen, dass sie auch fünfzig Jahre nach ihrem Erscheinen noch in hohem Masse anregend sind.[14] Wie kaum einem anderen Theoretiker ist es ihm gelungen, das Identitätsprojekt der Moderne exemplarisch zu fassen. Schon die alltagssprachliche Verwendung des Begriffs Identität ist nachhaltig durch Erikson geprägt. Als Psychoanalytiker, Pädagoge und Anthropologe hat er den Begriff Identität erstmals als umfassendes Forschungsinstrument entwickelt und einen detaillierten Rahmen der Identitätsentwicklung im Lebenszyklus eines Menschen ausgearbeitet. Als globales Konzept menschlicher Entwicklung dient Eriksons Modell einerseits dazu, Phänomene der religiösen Selbstfindung entlang des Lebenslaufs nachzuvollziehen. Andererseits profiliert es die religiöse Identität als spezifische Entwicklungsaufgabe des Jugendalters.[15] Wie im Folgenden kurz skizziert wird, ist die Suche nach Identität im Leben Eriksons selbst begründet.

2.1 Zur Biografie Eriksons

«Lebensgeschichte und historischer Augenblick» heisst eines von Eriksons Büchern. Darin berichtet er, dass er «zwei Jahre jünger als unser Jahrhundert» sei und deshalb behaupten könne, «dass die Dekaden meines Lebens ungefähr mit denen des Kalenders übereinstimmen»[16], in dem er gelebt hat. Das ist richtig, denn Erik Erikson wird am 15. Juni 1902 geboren und stirbt am 12. Mai 1994 in New Haven. Als Sohn dänischer Eltern wächst er in Deutschland auf, lebt in Karlsruhe, Florenz und Wien und übersiedelt nach seiner Heirat mit einer Amerikanerin in die USA.[17]

Als er 1929 nach Wien geht, um als Kunsterzieher beim Aufbau einer amerikanischen Schule zu helfen, kommt er mit Anna Freud und dem psychoanalytischen Kreis um Sigmund Freud in Kontakt. Damit beginnt die bedeutendste Periode seines Lebens, denn zu dieser Zeit wird die Direktbeobachtung von Kindern zu seinem hauptsächlichen Interessensgebiet. Parallel zu einer Lehranalyse bei Anna Freud studiert Erikson die Methoden der Montessori-Pädagogik und

---

13 *Kraus*, Selbst 13.
14 Vgl. die Beiträge in *Hofmann/Stiksrud*, Leben.
15 Vgl. dazu *Esser*, Gott 173–199.
16 *Erikson*, Lebensgeschichte 20.
17 Vgl. *Noack*, Erikson 38.

erlangt das Montessori-Diplom. 1933 verlässt er Wien, eröffnet in Boston eine Praxis und gilt als der erste Kinderanalytiker der USA. Nach kulturanthropologischen Exkursionen zu den Yurok-Indianern und verschiedenen therapeutischen Tätigkeiten ist Erikson langezeit in Forschung und Lehre tätig.[18]

Als Ergebnis veröffentlicht Erikson sein erstes Buch «Kindheit und Gesellschaft» (1950) und seine psychohistorische Studie «Der junge Mann Luther» (1958). In den 1960er Jahren entwickelt er seine Theorie des Lebenszyklus weiter und bereist mehrfach Indien, um das Leben und Werk Gandhis zu studieren. Daraus resultiert das 1969 mit dem Pulitzerpreis ausgezeichnete Buch «Gandhis Wahrheit. Über die Ursprünge der militanten Gewaltlosigkeit». Nach seiner Emeritierung hält Erikson weiter Vorträge und schreibt Bücher.[19]

2.2   Eriksons Identitätsmodell

1959 erscheint sein Hauptwerk «Identität und Lebenszyklus» (deutsch 1966), das als pädagogisch einflussreichste Schrift zur Theorie menschlicher Entwicklung im deutschsprachigen Raum gelten darf. Darin systematisiert Erikson den Phasenverlauf menschlicher Entwicklung, in dem alles um den Begriff der *Ich-Identität* kreist. Als *Ich-Identität* bezeichnet Erikson das Ergebnis einer erfolgreichen Synthese und Zusammenfassung lebensgeschichtlicher Identifikationen mit Personen, Rollen und Leitbildern. Dabei hat das Ich als psychische Instanz die Funktion der Synthese und Zusammenfassung dieser Identifikationen, die bereits in der Kindheit beginnt:

> «Genetisch betrachtet, zeigt sich der Prozess der Identitätsbildung als eine sich entfaltende Konfiguration, die im Laufe der Kindheit durch sukzessive Ich-Synthesen und Umkristallisierungen allmählich aufgebaut wird; es ist eine Konfiguration, in die nacheinander die konstitutionellen Anlagen, die Eigentümlichkeiten libidinöser Bedürfnisse, bevorzugte Fähigkeiten, bedeutsame Identifikationen, wirkungsvolle Abwehrmechanismen, erfolgreiche Sublimierungen und sich verwirklichende Rollen integriert worden sind.»[20]

Das Gefühl von Ich-Identität steht bei Erikson am Ende des Jugendalters und bezeichnet das subjektive Gefühl von Gleichheit und Kontinuität, das ältere Jugendliche bzw. junge Erwachsene in sich fühlen, das aber auch von der

---

18 Vgl. a. a. O. 39.
19 Vgl. a. a. O. 40.
20 *Erikson*, Identität 144.

Gesellschaft anerkannt werden muss, um wirksam zu werden.[21] Erikson hebt diesbezüglich die besondere Bedeutung der gesellschaftlichen Integration hervor:

«Man kann diese Periode als psychosoziales Moratorium bezeichnen, während dessen der Mensch durch freies Rollen-Experimentieren sich in irgendeinem der Sektoren der Gesellschaft seinen Platz sucht, eine Nische, die fest umrissen und doch wie einzig für ihn gemacht ist. Dadurch gewinnt der junge Erwachsene das sichere Gefühl innerer und sozialer Kontinuität, das die Brücke bildet zwischen dem, was er als Kind war, und dem, was er nunmehr im Begriff ist zu werden; eine Brücke, die zugleich das Bild, in dem er sich selber wahrnimmt, mit dem Bild verbindet, unter dem er von seiner Gruppe, seiner Sozietät erkannt wird.»[22]

Wenn am Ende der Jugendphase das Gefühl von Einheitlichkeit und Kontinuität nicht erreicht wird, droht Identitätsdiffusion. Erikson definiert sie als vorübergehende oder dauernde Unfähigkeit des Ichs zur Bildung einer Identität: «Es ist eine Zersplitterung des Selbst-Bildes eingetreten, ein Verlust der Mitte, ein Gefühl von Verwirrung und in schweren Fällen die Furcht vor völliger Auflösung.»[23]

Das Erreichen einer Ich-Identität im Jugendalter ist für Erikson vom erfolgreichen Durchlaufen verschiedener krisenhafter Lebensaltersphasen abhängig, wobei er sich bei der Beschreibung dieser Phasen an Freuds psychosexuelle Phasen der Kindheitsentwicklung anlehnt. Der Erwerb der Ich-Identität ist als Prozess zu verstehen und letztlich das Ergebnis der erfolgreichen Synthese und Zusammenfassung aller lebensgeschichtlichen Identifikationen. Insgesamt liegt Eriksons Modell die Vorstellung eines Individuums zugrunde, das sich prinzipiell harmonisch in die gesellschaftliche Struktur mit ihren Rollenvorgaben einfügt und letztlich seinen Platz in der Gesellschaft findet.

Die gesellschaftliche Struktur stellt Erikson vergleichsweise kohärent dar. Damit sagt er auch etwas über seinen eigenen Lebenskontext aus, denn er ist letztlich stark an der amerikanischen bürgerlichen Mittelschichtsgesellschaft der Nachkriegszeit orientiert. Dieser zeitgebundene Aspekt ist wichtig zum Verständnis von Erikson, sollte aber nicht zu schnell als Schwachpunkt des Ansatzes bewertet werden.[24]

---

21 A. a. O. 18.
22 A. a. O. 137.
23 A. a. O. 154, Anm. 6.
24 So *Keupp*, Identitätskonstruktionen 30.

Das im Folgenden grafisch dargestellte Modell von Eriksons Identitätstheorie folgt einem epigenetischen Prinzip. Epigenese meint das Hervorgehen
eines Wachstumszustandes aus einer vorbereitenden früheren Stufe, ein integ-
rativer, sich zeitlich fortlaufend ausdifferenzierender Prozess der in soziale
Bezüge eingebundenen Entwicklung. In seinem Modell ordnet Erikson den
verschiedenen Lebensphasen vom Säuglingsalter bis ins Alter acht psychosoziale Krisen zu, die durch das Prinzip der Epigenese aufeinander bezogen sind.
Jede Krise enthält eine spezifische Entwicklungsaufgabe. Das Individuum
befindet sich in einem Spannungsfeld, das Erikson mit zwei polaren Dimensionen konkretisiert. Darin ist die zu leistende Entwicklungsaufgabe lokalisiert.
Gelingt die Bewältigung der Krise, bedeutet dies einen Reifungsfortschritt. Im
Überblick stellt sich die Phasenentwicklung mit ihren entwicklungsbedingten
Aufgaben und Gefahren folgendermassen dar:[25]

Lebensphase	Motto	Aufgabe	Gefahr
Kleinkind-alter	Ich bin, was ich will.	In dieser Phase lernt das Kind, seine Schliessmuskeln und sonstigen Funktionen nach eigenem Willen zu beherrschen. Es gewinnt ein Gefühl von *Autonomie*.	Eine zu strenge Kontrolle und Sau-berkeitserziehung lässt *Scham* und *Zweifel* entstehen, die das Kind unsicher machen.
Spielalter	Ich bin, was ich mir zu werden vorstelle.	Im Spielalter gewinnt das Kind eine grössere Bewegungsfreiheit, verfügt zunehmend über die Sprache und entwickelt allmählich einen Werksinn. Es erobert sich die nähere Umwelt durch Tatendrang und *Initiative*.	*Schuldgefühl* ent-steht, wenn die Kinder Misserfolge bei ihren Initiativen haben, so dass sie meinen, nichts leisten zu können.

25 Vgl. das Grundmodell bei *Erikson*, Identität 150–151, das vom Autor zum Zweck der
   didaktischen Verwendung erweitert und kommentiert wurde.

49

Lebensphase	Motto	Aufgabe	Gefahr
Schulalter	Ich bin, was ich lerne.	In dieser Phase entwickelt sich ein *Leistungsbewusstsein*, oder es entsteht ein Minderwertigkeitsgefühl. Das Kind hat nun das Schulalter erreicht und kann eine Arbeit erfolgreich abschliessen.	Häufiges Misslingen kann ein Kind zu *Selbstzweifeln* führen. Es meint, sich klein machen zu müssen.
Jugendalter	Ich bin ich.	Gelingt die Identitäts-bildung, gehen die in der Kindheit gesammelten positiven Ich-Werte in das Identitätsgefühl ein. Das Individuum versteht sich selbst als eine Person mit Einheitlichkeit und Kontinuität.	Sind die bisherigen Identitätsbildungs-prozesse negativ verlaufen, tritt *Identitätsdiffusion* ein.
Frühes Erwach-senenalter	Ich bin, was ich für andere bin.	Jetzt bildet sich die Fähigkeit zur *Intimität* heraus. Dazu Erikson: «Man muss sich selbst gefunden haben, bevor man fähig ist, sich an jemand anderen zu verlieren.»[26]	Das Gegenteil ist die Neigung zur *Isolation*, andere Menschen abzuweh-ren und Beziehun-gen zu zerstören.
Erwach-senenalter	Ich bin, was ich leisten kann.	Erst gelungene Intimität macht zur *Generativität* fähig, dem Interesse an der Gründung und Erziehung einer neuen Generation	Das Gegenteil, die *Selbstabsorption*, besteht im Desinter-esse an der Weiter-gabe kultureller, sozialer und sons-tiger Traditionen.
Reifes Erwach-senenalter	Ich bin, was ich als sinn-haft emp-finde.	Das reife Erwachsenenalter umfasst die Zeit bis zum Tode. Das Individuum hat *Integrität* gewonnen, sein Leben mit allen Erfolgen und Niederlagen als sinnhaft akzeptiert.	Andernfalls tritt *Zweifel am Lebenssinn* auf.

---

26 *Erikson*, zitiert nach *Baacke*, Einführung 183.

50

Bis zum Eintritt ins Erwachsenenalter skizziert Erikson als Entwicklungskrisen den jeweiligen Konflikt zwischen den anstehenden Entwicklungsaufgaben und den gleichzeitig bestehenden Gefahren des Misslingens: Urvertrauen gegen Urmisstrauen (1. Lebensjahr)[27], Autonomie gegen Scham und Zweifel (2. und 3. Lebensjahr)[28], Initiative gegen Schuldgefühle (4. bis 6. Lebensjahr)[29], Leistungsbewusstsein gegen Minderwertigkeitsgefühle (Schulalter)[30] und schliesslich Identität gegen Identitätsdiffusion (Adoleszenz). Die Bewältigung des jeweiligen Konflikts ist nicht als exklusive Lösung durch Ausschluss einer Komponente zu verstehen, sondern vielmehr als positiver Ausgleich zwischen zwei entgegengesetzten Polen. Ein solcher Ausgang weist zugleich den Weg zu einer insgesamt weiterführenden Entwicklungsphase.

Im Mittelpunkt steht dabei die Ausbildung der Ich-Identität: «Das Gefühl der Ich-Identität ist also das angesammelte Vertrauen darauf, daß der Einheitlichkeit und Kontinuität, die man in den Augen anderer hat, eine Fähigkeit entspricht, eine innere Einheitlichkeit und Kontinuität (also das Ich im Sinne der Psychologie) aufrechtzuerhalten.»[31] Dabei sind bewusste und unbewusste Prozesse für die Identitätsbildung konstitutiv. Das Jugendalter erhält eine zentrale Bedeutung, zum einen als Abschluss der Kindheit (frühere Identifikationen, z.B. Familie und Schule werden revidiert und zu einem neuartigen Ganzen zusammengefügt), zum anderen als Übergang ins Erwachsenenalter, denn auch hier sind die in der Adoleszenz gewonnenen Koordinaten der Ich-Identität von massgeblichem Einfluss. So setzt Intimität als Entwicklungsaufgabe des frühen Erwachsenenalters für Erikson ein Grundmass eines früher gewonnenen Vertrauens in die Einheitlichkeit und Kontinuität sich selbst und anderen gegenüber voraus. Der negative Gegenpol zur Ich-Identität besteht in der Gefahr der Identitätsdiffusion. Ausdruck von Identitätsdiffusion kann z.B. das Unvermögen sein, sich für eine berufliche Identität zu entscheiden.

---

27 Vgl. a.a.O. 62f.
28 Vgl. a.a.O. 75ff.
29 Vgl. a.a.O. 87ff.
30 Vgl. a.a.O. 98ff.
31 A.a.O. 107.

2.3 Erikson in der Kritik

Eriksons Werk wurde und wird kontrovers beurteilt. Sein Modell ist ebenso facettenreich wie unabgeschlossen, denn Identität ist bei Erikson ein mehrdimensionaler Begriff, der eine gewisse Unschärfe aufweist. Jede Definition des Identitätsbegriffs bildet bei ihm selbst deshalb immer so etwas wie eine alternative oder erweiternde Deutung:

> «Es wird sich dadurch einmal um ein bewußtes Gefühl der individuellen Identität, ein andermal um das unbewußte Streben nach einer Kontinuität des persönlichen Charakters zu handeln scheinen; einmal wird die Identität als ein Kriterium der stillschweigenden Akte der Ich-Synthese, dann wieder als das Festhalten an einer inneren Solidarität mit den Idealen und der Identität einer Gruppe erscheinen.»[32]

Dazu treffend Kraus:

> «Je nach der Brille des Exegeten gibt es mindestens einen psychoanalytischen Erikson, einen entwicklungspsychologischen, einen sozialpsychologischen und einen kulturtheoretischen und innerhalb dieser Exegesen jeweils den veralteten Erikson gegenüber dem Erikson, der nach wie vor modern, aktuell ist.»[33]

Als Erikson 1970 selbst in einer autobiografisch angelegten Rückschau die Resonanz seines 1946 eingeführten Identitätsbegriffs kommentiert, stellt er fest, «dass der Begriff Identität sich recht schnell einen angestammten Platz im Denken, oder jedenfalls im Wortschatz eines breiten Publikums in vielen Ländern gesichert hat»[34]. Keupp bestätigt diese Einschätzung Eriksons:

> «Drei Jahrzehnte später müsste seine Diagnose noch eindeutiger ausfallen: Identität ist ein Begriff, der im Alltag angekommen ist und dessen Nutzung durchaus inflationäre Züge angenommen hat. Die Leistung von Erik Erikson ist unbestritten: Er hat ein Konzept vorgelegt, das eingängig den komplexen Prozess der Selbstverortung von Menschen in ihrer sozialen Welt erfasst. Aber die Konjunktur des Identitätsbegriffs hat wohl weniger mit der Erklärungskraft des Erikson'schen Modells zu tun als vielmehr mit der Tatsache, dass die gesellschaftlichen Gründe, die zur Schöpfung des Identitätsbegriffs geführt haben, noch gewichtiger geworden sind. Und die Gründe hatten von Anfang an mit Krisenerfahrungen, Heimat- und Ortslosigkeit des Subjekts in der Moderne zu tun.

---

32 Ebd.
33 *Kraus*, Selbst 20.
34 *Erikson*, Kindheit 15.

Die Suche nach Identität als krisenhafte Herausforderung ist durch die Moderne zum Thema geworden.»[35]

Eine solche Würdigung Eriksons und das Bekenntnis zu seiner epochalen Bedeutung darf aber nicht darüber hinwegtäuschen, dass seine Konzepte im heutigen Postmoderne-Diskurs nicht mehr so unumstritten sind wie noch vor 30 Jahren. Zwar hat damals der Identitätsbegriff durch Eriksons Impuls geradezu einen Siegeszug in den Human- und Geisteswissenschaften angetreten. Die Prägung und Weiterentwicklung des Identitätsbegriffs durch Erikson kann seither bis in die Gegenwart hinein ohne Zweifel als bestimmender Eckpunkt des Identitätsdiskurses bezeichnet werden, zumal sein Einfluss weit über die Grenzen der psychologischen Aspekte der Identitätsfrage hinausreicht.

Heute wird aber vor allem von Seiten der Identitätspsychologie massive *Kritik* an Erikson formuliert. Obwohl sein Werk «Identität und Lebenszyklus» ein Klassiker wurde und enorm hohe Auflagezahlen erreicht hat, muss sich Erikson den Vorwurf gefallen lassen, seine Theorien seien populärwissenschaftlich und nicht wissenschaftlich validierbar. So kritisiert Haußer:

«[...] böse Zungen behaupteten sogar, Eriksons Erfolgsgeheimnis liege darin, dass er seinen zentralen Begriff – die menschliche Identität – nirgendwo ordentlich definiert. Auf diese Weise könne jeder Leser friedlich seinen Alltagsbegriff behalten und fände diesen früher oder später in der einen oder anderen Fallbeschreibung wieder.»[36]

Erikson selbst wusste sehr wohl darum, dass er mit dem Begriff Identität einem wichtigen Phänomen den Namen gegeben hatte, erkannte andererseits aber dessen begriffliche Unschärfe:

«Je mehr man über diesen Gegenstand schreibt, desto mehr wird das Wort zu einem Ausdruck für etwas, das ebenso unergründlich als allgegenwärtig ist. Man kann ihn nur untersuchen, indem man seine Unentbehrlichkeit in verschiedenen Zusammenhängen feststellt.»[37]

Ganz in diesem kritischen Sinne ergänzt Haußer, die Mehrheit der wissenschaftlichen Psychologie meide den Begriff der Identität wegen seines vermeintlich vor- oder unwissenschaftlichen Charakters und verwende an seiner

---

35 *Keupp*, Identitätskonstruktionen 26.
36 *Haußer*, Identitätspsychologie 19.
37 *Erikson*, Identität 7.

Stelle den Begriff des Selbstkonzepts.[38] Vom heutigen Erkenntnisstand der Entwicklungspsychologie her kann man mit Kraus sagen,

> «dass der normative Erikson, also der Erikson, der Identitätsbildung modellhaft beschreibt, in der Tat veraltet ist. Dies zeigt sich in seiner Begrifflichkeit des Gelingens ebenso wie in der des Scheiterns. Aktuell ist er weiter da, wo er mit der Beschreibung mißlingender Identität eine Brücke herstellt zur aktuellen Identitätsdiskussion.»[39]

An normativen Gesichtspunkten ist Eriksons Annahme der Irreversibilität einmal erfolgter Krisenlösungen als problematisch zu kritisieren. Dies gilt etwa für die These: «Jede Stufe erlebt während der angegebenen Phase ihren Anstieg, tritt in ihre Krise und findet ihre dauernde Lösung.»[40] Besonders Haußer hat darauf hingewiesen, dass Eriksons Annahme der Irreversibilität in krassem Widerspruch zu heutigen empirisch gesicherten Ergebnissen der Krisenbewältigungsforschung stehe.[41] Ein weiteres Problem aus entwicklungspsychologischer Sicht ist die Tatsache, dass Erikson seine ersten Phasen an Freuds Theorie der psychosexuellen Entwicklung festmacht, dann aber, wo diese endet, die letzten drei Phasen eher deskriptiv am Lebensalter orientiert. Baacke kritisiert, Erikson ontologisiere

> «immer wieder sein hypothetisch und heuristisch zweifellos fruchtbares Diagramm vom vitalbestimmten Lebenszyklus, indem er etwa von der fügenden ‹Weisheit des Grundplans› spricht. Da er in ihm und an ihm die Gesellschaften und Kulturen interpretiert, die ihn am besten erfüllen, ontologisiert er aber damit auch diese [...]»[42]

Jenseits dieser Kritik behält Erikson einen wichtigen Stellenwert. Zwar gilt es einerseits, Erikson als Theoretiker der gesellschaftlichen Moderne zu berücksichtigen, der im normativen Anspruch seiner Modelle in heutigen spät- bzw. postmodernen Zeiten veraltet ist. Andererseits bleibt er aktuell, wo die seinem Identitätsbegriff zugrunde liegende Feststellung einer unauflösbaren Spannung zwischen einem inneren Wesenskern und der sozialen Verhandlung von Identität sich bis heute als roter Faden durch die Identitätsdebatten zieht.

---

38 *Haußer*, Identitätsentwicklung vom Phasenuniversalismus 20.
39 *Kraus*, Selbst 21.
40 *Erikson*, Kindheit 266.
41 Vgl. *Haußer*, Identitätspsychologie 124.
42 *Baacke*, Einführung 184 f.

Daher tut auch die aktuelle religionspädagogische Identitätsdiskussion noch immer gut daran, bei Erikson einzusetzen.

2.4 Kohärenz und/oder Fragmentierung?

Am stärksten wird Eriksons Modell der psychosozialen Entwicklung von soziologischer Seite kritisiert und muss sich den Vorwurf gefallen lassen, es repräsentiere eine typische Idee der Neuzeit, die noch den der Moderne zugerechneten Utopien von Ganzheitlichkeit, Einheitlichkeit und Linearität verhaftet bleibe. Für die Vertreter der Postmoderne ist Erikson unauflöslich mit dem Projekt der Moderne verbunden, weil er die Identitätsthematik in ein Ordnungsmodell regelhaft-linearer Entwicklungsverläufe überträgt, das nicht mehr mit dem Paradigma der Postmoderne vereinbar sei.[43]

Diese Kritik an Erikson ist nicht unerheblich, wird doch nahezu alles, was als Verstehenszusammenhang für sein Entwicklungsmodell anzusehen ist, durch den Postmoderne-Diskurs infrage gestellt: Die für Eriksons Identitätsbegriff so wichtige Vorstellung der Kohärenz bzw. der Mitte eines Individuums steht in der Postmoderne ebenso auf dem Prüfstand wie der Gedanke des Gelingens von Identität im Sinne einer durch das Subjekt mitzubestimmenden Identitätskonstruktion. Die Kritik an Erikson lautet, er unterstelle eine gesellschaftliche Kontinuität und Berechenbarkeit, in die sich subjektive Selbstfindung verlässlich einbinden könne. Demgegenüber hätten die gesellschaftlichen Prozesse der Individualisierung, Pluralisierung und Globalisierung das Selbstverständnis der Moderne jedoch grundlegend infrage gestellt. Im Kontext der Identitätsdiskussion bedeute das einen radikalen Bruch mit allen Vorstellungen von der Möglichkeit einer stabilen und gesicherten Identität.

Im Gegensatz dazu weisen Vertreter der Postmoderne auf die Fragmentierungserfahrungen des Subjekts hin, die es – anders als bei Erikson – gerade nicht als mit sich und anderen identisch konstituieren. An die Stelle moderner Paradigmen wie Ganzheitlichkeit, Einheitlichkeit und Linearität setzt die Postmoderne das konsequente Offenhalten des Denkens und das Konzept der absoluten Pluralität. In diesem Sinne wird – gerade was die Frage der Identität betrifft – das Zerbrechen von Strukturen und Einheitserfahrungen diagnostiziert. Darüber hinaus betont die Postmoderne die strukturell erzwungene

---

43 Vgl. *Keupp*, Identitätskonstruktionen 30.

Freisetzung des Individuums bzw. – um eine Formulierung Adornos zu gebrauchen – das «Ende des Identitätszwangs»[44] und betont gerade gegen Erikson, dass die Chancen der fortgeschrittenen Moderne eben nicht in einer kontinuierlichen Entwicklung des Individuums liegen, sondern in der Freisetzung des Subjekts von vormaligen Strukturzwängen. Letztere würden veränderte psychische und soziale Kompetenzen erfordern und machten eine Revision des klassischen Identitätsbegriffs notwendig.[45]

Beobachtet man nun kritisch den Identitätsdiskurs der letzten 20 Jahre, so ist der in den Sozialwissenschaften geführte Streit um die Tragfähigkeit von Eriksons Thesen mit der Forderung verbunden, die Lösung der Identitätsdebatte könne nur in einer Abwendung von Erikson und einer gleichzeitigen Hinwendung zur Postmoderne-Semantik liegen. Keupp kommentiert zu diesem Streit: «Ziemlich billig werden aktuelle Diskussionen um ein zeitgerechtes Identitätsverständnis zu einer Persönlichkeitswahl stilisiert: Wer ist für, und wer ist gegen Erikson?» Ganz klar bezieht er in diesem Streit Position und meint:

> «An Erikson kommt niemand vorbei, der sich aus sozialpsychologischer Perspektive mit der Frage von Identitätskonstruktionen beschäftigt. Er hat ein theoretisches Modell entworfen, an dem man sich abzuarbeiten hat. Auf den ‹Schultern des Riesen› stehend, läßt sich dann gut fragen, ob seine Antworten auf die Identitätsfrage ausreichen […]»[46]

Im Anschluss an Keupp ist es vor diesem Hintergrund ratsam, auch in postmodernen Zeiten bei Erikson einzusteigen und eben nicht vorschnell die in der aktuellen Identitätsdebatte vorgenommene typologisierende Unterscheidung zwischen einem modernen und einem postmodernen Identitätskonzept mitzuvollziehen. Um nur ein Beispiel zu nennen: «Bei Erikson einsteigen» kann bedeuten, Krappmanns Konzept der balancierenden Identität, das von postmoderner Seite gerne als harmonistisch und überholt abgewertet wird, gerade aus religionspädagogischer Sicht als einen noch immer ernstzunehmenden Versuch zu betrachten, die Möglichkeit eines handlungsfähigen Subjekts unter ständig sich verändernden Bedingungen zu bestimmen. Das lässt dann auch die eigene Kontinuität und Konsistenz des handelnden Selbst nicht unberührt.

---

44 Vgl. *Adorno*, Dialektik 273.
45 Vgl. *Oertel*, Gott 65.
46 Beide Zitate bei *Keupp*, Identitätskonstruktionen 25 f.

Die Identitätsfrage ist in ihrem Ansatz eine durch und durch moderne Frage. Sie lässt sich deshalb nicht einfach als überholte Fragestellung abtun, sondern bleibt gerade auch in postmodernen Zeiten virulent. Denn die Postmoderne hebt ja nicht eine als gesichert geltende Identität aus ihren Angeln und konfrontiert das Subjekt plötzlich nur noch mit seiner Identitätskrise. Vielmehr liegt es in der Natur des Begriffs der Identität, dass sie, wie Bauman treffend feststellt, «niemals zum Problem geworden» ist. «Sie konnte überhaupt nur als Problem existieren, sie war von Geburt an ein Problem, wurde als Problem geboren.»[47] Identität hat in diesem Sinne von Anfang an Arbeitscharakter, lebt von einem Subjekt, das sich aktiv um sein Selbst- und Weltverhältnis kümmert, das sich seine Selbstverortung entwirft und konstruiert und zu seinen Entwürfen und Konstruktionen der Zustimmung anderer bedarf. Gelingende Identität ist in diesem Sinne ein lebenslanger Suchprozess und darf nicht als irgendwann zu erreichender End- und Fixpunkt einer Entwicklung missverstanden werden. Ohne Zweifel liegt im Erarbeiten konkreter Gestaltungsformen von Identität eine wichtige religionspädagogische Herausforderung des Identitätsdiskurses. Darauf geht der letzte Abschnitt des vorliegenden Beitrags ein. Zunächst soll der Beitrag Erik Eriksons für die religionspädagogische Theoriebildung gewürdigt werden.

3 Erikson als Klassiker der Religionspädagogik

3.1 Erikson – der unterschätzte Klassiker

Wirft man einen Blick in die Sozialwissenschaften des 20. Jahrhunderts, so gehört Erikson sicherlich zu den modernen Klassikern der Entwicklungspsychologie der Lebensspanne. Der kürzlich verstorbene Soziologe Jürgen Zinnecker hat mit Recht darauf hingewiesen, dass er aber auch zu den unterschätzten Klassikern gehört.[48] Als Argument dafür nennt er vor allem den sehr lockeren Umgang der wissenschaftlichen Öffentlichkeit mit den Quellenschriften Eriksons. So existiert bis heute keine historisch-kritische Gesamtausgabe, und es fehlen namhafte Wissenschaftler, die sich der Pflege seines Nachlasses annehmen würden. Erikson fand keinen Verleger und keinen Übersetzer, der sein Werk systematisch ins Deutsche übertragen hätte.

---

47 *Bauman*, Flaneure 134.
48 Vgl. *Zinnecker*, Vorwort 9.

«Angesichts dieser fehlenden Betreuung und Pflege, insbesondere im deutsch-sprachigen Raum nimmt es nicht Wunder, wenn man hierzulande sehr frei mit dem Zitieren, mit den Fachbegriffen Erikson'scher Prägung und mit der Interpretation des Werkes umgeht. In gewisser Weise wird Erikson als billig zu habende Referenz und als Steinbruch für gefällige Zitierungen genutzt und missbraucht.»[49]

Die Sprachverwirrung in den deutschen Übersetzungen Eriksons ist für die Pädagogin Juliane Noack ein weiteres Argument dafür, dass er als Klassiker noch immer unterschätzt wird. Noack hat die Schlüsselzitate aus den deutsch-sprachigen Publikationen mit dem englischen Original verglichen und ist dabei auf eine Vielzahl von übersetzungsbedingten Fehlinterpretationen gestossen, die auf die geringe Standardisierung der Schlüsselbegriffe von Erikson in den deutschen Texten verweisen.[50]

Auch der vorliegende Beitrag versucht dem Bild Eriksons vom unter-schätzten Klassiker entgegenzuwirken, indem in gebotener Kürze die Erikson-Rezeption in der religionspädagogischen Identitätsdebatte referiert wird. So lässt sich zeigen, dass Erikson nach wie vor als «Klassiker» zu gelten halt, von dem die Religionspädagogik als Disziplin Wesentliches lernen kann.

3.2   Erikson als «Klassiker der Religionspädagogik»

Die bereits oben zitierte Empfehlung von Wolfgang Kraus, dass, wer über Identität nachdenke, in guter Gesellschaft sei, wenn er mit dem Ansatz von Erik H. Erikson beginne[51], darf ins Stammbuch der Religionspädagogik geschrieben werden. Friedrich Schweitzer geht noch einen Schritt weiter und nennt Erikson anlässlich seines 100. Geburtstags im Jahre 2002 einen «Klas-siker der Religionspädagogik»[52]. Er tut das mit Recht, denn er streicht damit heraus, welch herausragende Rolle Eriksons Impulse für die religionspädago-gische Identitätsdebatte hatten und immer noch haben. In Anerkennung die-ser Würdigung seien die wichtigsten Stationen der Erikson-Rezeption in der Religionspädagogik nochmals kurz bedacht.

---

49   Ebd.
50   *Noack*, Identitätstheorie 227 ff.
51   Vgl. *Kraus*, Selbst 13.
52   Vgl. *Schweitzer*, Erikson 312.

Eriksons Theorie ist in den letzten vierzig Jahren für die Religionspädagogik zu einem ihrer wichtigsten Bezugspunkte geworden, und man kann «ohne zu übertreiben von einer Grundlagentheorie für die Religionspädagogik sprechen»[53]. Neben der direkten Rezeption durch die Religionspädagogik im deutschen Sprachraum sind zunächst indirekte Rezeptionsformen zu nennen: Einmal die amerikanische Religionspädagogik und Praktische Theologie, in der einflussreiche Autoren wie Don Browning und Donald Capps schon in den 1970er und 80er Jahren in Bezugnahme auf Erikson neue Ansätze entwickelt haben.[54] Im deutschen Sprachraum hat der vor allem als Kognitionspsychologe bekannte James W. Fowler seine Theorie von den «Stufen der Glaubensentwicklung» auf die Erkenntnisse zur Entwicklung der Ich-Identität von Erikson bezogen.[55] So ist etwa die bekannte Stufe 0 in Fowlers Modell, die den «primären Glauben» des Menschen als Erfahrung des Aufgehobenseins, des elementaren Gebens und Nehmens in den ersten Lebensmonaten eng mit dem Urvertrauen identifiziert, massgeblich von Erikson beeinflusst.[56]

Eine weitere indirekte Form der religionspädagogischen Rezeption liegt in der Soziologie und Sozialphilosophie vor, da sich die frühen Kommunikations- und Identitätstheorien von Jürgen Habermas, Gertrud Nunner-Winkler und Rainer Döbert auch auf psychoanalytische Identitätstheorien u. a. von Erikson beziehen.[57] Schliesslich haben Eriksons Ideen auch durch Vermittlung der Erziehungswissenschaft auf die Religionspädagogik gewirkt, was sich an den Veröffentlichungen von Klaus Mollenhauer[58] oder Dieter Baacke[59] ablesen lässt. Zieht man diese Linie weiter aus, so ist eine Rezeption der Theorien Eriksons bis in unsere Gegenwart zu beobachten, wo der in Theologie und Religionspädagogik viel beachtete Soziologe Heiner Keupp sich in der kritischen Spannung zwischen einem «Abschied von Erikson» und einer in den letzten Jahren deutlichen Wiederannäherung an Erikson bewegt (vgl. auch seinen Beitrag in diesem Band). Spiegel seiner Rückkehr zur Anerkennung Eriksons ist beispielsweise die Einsicht, dass die Formel «für oder gegen

---

53 A. a. O. 313 (Hervorhebung im Original).
54 Vgl. *Browning*, Thought; *Capps*, Psychology.
55 Vgl. *Fowler*, Stufen.
56 Vgl. das Entwicklungsmodell bei *Fowler*, Stufen 217–229.
57 Vgl. *Schweitzer*, Erikson 313.
58 Zu Mollenhauer vgl. den Beitrag von *Peter Loretz* in diesem Band.
59 Vgl. die intensive Rezeption Eriksons bei *Baacke*, Einführung 178–248.

Erikson» die falsche Frage in der sozialwissenschaftlichen Identitätsdebatte sei, vielmehr an Erikson niemand vorbei könne.[60] Wenn nun auch von der Religion weiterhin grundlegende Beiträge zur Identitätsbildung erwartet werden dürfen,[61] gründet diese Feststellung zu einem nicht geringen Teil im Einfluss Eriksons auf die Theorien religiösen Lernens. Die Bedeutung Eriksons für die Religionspädagogik lässt sich mit Friedrich Schweitzer in drei Thesen zusammenfassen:

– *Die Rezeption Eriksons hat die Religionspädagogik nach ihrer empirischen Wende vor einer positivistischen Verengung bewahrt.* Darin liegt die Erkenntnis begründet, dass die religionspädagogische Aufmerksamkeit auf eine psychoanalytische Theorie nur vor dem Hintergrund einer Hinwendung zur Empirie verstanden werden kann.

«Wenn sich die Religionspädagogik nicht auf einen Soziologismus oder Empirismus hat einschwören lassen, so ist dies m. E. nicht zuletzt dem konsequent psychosozialen und humanistischen Ansatz Eriksons zu verdanken. Denn daraus war von Anfang an zu lernen, dass die Berücksichtigung von sozialwissenschaftlichem Realismus nicht mit der Anbetung von Statistik und sog. ‹harten Daten› verwechselt werden darf.»[62]

– *Erikson hat der heutigen Religionspädagogik wichtige Grundbegriffe zur Verfügung gestellt.* Sie ist ohne Begriffe wie Urvertrauen, Identität und Lebenszyklus kaum mehr vorstellbar, die alle von Erikson geprägt wurden. Der Begriff Grundvertrauen kann auf Eriksons frühes Werk über «Kindheit und Gesellschaft» zurückgeführt werden. Das in der Religionspädagogik inzwischen selbstverständlich gewordene biografisch-lebensgeschichtliche Denken stellt diese Begriffe in einen übergreifenden Horizont.
– *Erikson hat der Religionspädagogik zu einer öffentlichen Sprache verholfen.* Der Religionsunterricht wurde seit den 1970er Jahren zunehmend als «Fremdkörper» wahrgenommen, von dem kein Beitrag zur allgemeinen Bildung zu erwarten sei. Wenn religiöse Bildung heute wieder mehr Ansehen geniesst, so ist dies nicht zuletzt Begriffen wie «Vertrauens- und Identitätsbildung» oder «religiöse Lebensbegleitung» zu verdanken. Da es mit Hilfe solcher Begriffe möglich ist, die Bedeutung religiöser Bildung auch im Horizont allgemeiner Bildung deutlich zu machen, hat Erikson der Religionspäd-

---

60 Vgl. *Keupp*, Identitätskonstruktionen 25.
61 Vgl. *Kunstmann*, Identität 213.
62 *Schweitzer*, Erikson 314.

agogik nicht nur neue Begriffe gegeben, sondern ihr auch eine öffentliche Sprache geschenkt.[63]

Aufgrund dieser Thesen darf Erikson mit Fug und Recht als moderner «Klassiker der Religionspädagogik» gelten, dessen Bedeutung noch lange nicht ausgeschöpft ist: «Es lohnt sich deshalb noch immer, Erikson religionspädagogisch zu lesen.»[64]

4 Vertrauens- und Identitätsbildung als religionspädagogische Aufgaben

4.1 Vom Urvertrauen zum Gottvertrauen

Die Beschäftigung mit Eriksons Modell hat gezeigt, dass es als Konzept menschlicher Entwicklung in zweierlei Hinsicht eine Hilfe für die religionspädagogische Arbeit darstellt: Zum Ersten bietet es sich an, um die religiöse Selbstfindung entlang des Lebenslaufs nachzuvollziehen. Zum Zweiten schärft es die Wahrnehmung für die religiöse Identität als spezifische Entwicklungsaufgabe des Jugendalters.

Der erste Aspekt korrespondiert mit vielfältigen Beiträgen des Glaubens zur Identitätsentwicklung. So entspricht das Gefühl, von Gott unbedingt angenommen zu sein, dem Urvertrauen, das zu Beginn des Lebens aufgebaut werden muss. Erikson hat in diesem Zusammenhang mehrfach auf die Bedeutung des elterlichen Glaubens bei der Ausbildung des kindlichen Urvertrauens hingewiesen.[65] Dabei sei es nicht Aufgabe des Psychologen, über Wert und Unwert einzelner Worte und Riten der Religionen zu befinden. Entscheidend sei vielmehr, ob «Religion und Tradition lebendige psychologische Kräfte darstellen und jene Art von Vertrauen und Glauben schaffen, die sich in der Persönlichkeit der Eltern ausdrückt und das Urvertrauen des Kindes in die Verläßlichkeit der Welt stärkt»[66]. Erikson ergänzt mit einem berühmt gewordenen Diktum:

---

63 Vgl. ebd.
64 Ebd.
65 Vgl. *Kuld*, Rezeption 269.
66 *Erikson*, Identität 74.

«Der Psychopathologe kann nicht umhin zu beobachten, daß es Millionen von Menschen gibt, die ohne Religion nicht leben können; diejenigen, die sich rühmen, keine zu haben, kommen ihm oft vor wie Kinder, die im Dunkeln singen. Andererseits gibt es ohne Zweifel auch Millionen, die ihren Glauben aus anderen Quellen als den religiösen Glaubenssätzen schöpfen [...]»[67]

4.2 Identitätsbildung im Religionsunterricht?

Am Ende unserer Überlegungen zu Eriksons Identitätsbegriff stellt sich die Frage, wie identitätsbildendes Lernen konkret im Religionsunterricht aussehen kann. Wer Lehrpläne und Unterrichtsmaterialien durchsieht, stellt fest, dass der Identitätsbegriff in offiziellen Dokumenten zum Religionsunterricht als Leitidee religiöser Erziehung gut etabliert ist. Dass religiöse Bildung also zur Identitätsbildung beiträgt, ist als Möglichkeit unbestritten. Im Blick auf die Unterrichtspraxis wird allerdings häufig nur implizit und unspezifisch von Identität gesprochen.[68] Um dem abzuhelfen, ist es sinnvoll, Identitätsbildung als «Entfaltung von Religiosität» zu beschreiben. Auch «religiöse Kompetenzen» gilt es zu fördern, da sie differenzierte Verstehens- und Handlungsfähigkeiten angeben und plausibel vermittelbar sind.[69]

Identität ist immer Konstruktion. Da Identität sich darüber hinaus aus Erfahrungen konstituiert, ist sie auch Resultat von Erzählungen. So konstruieren gerade Kinder und Jugendliche ihre «narrative Identität» erzählend. Im Religionsunterricht gewinnen vor diesem Hintergrund Erinnern und Erzählen als identitätsbildende Kategorien konstitutive Bedeutung. Dabei hat Erinnerung keine Renaissance des Auswendiglernens oder ein nostalgisches Zurück in die Vergangenheit im Blick. Im Erinnern und Erzählen reduziert sich Bildung nicht auf gespeicherte Information, sondern geschieht durch persönliche Aneignung, durch persönliche Er- und Ver-Innerung, nicht durch blosses zur Kenntnis nehmen, sondern durch die Identität bestimmende Arbeit des Verstehens.[70] Bibel und christliche Tradition bieten eine Fülle existenzbedeutsamer Erzählungen, Symbole und Gestalten, die identitätsbildend wirken können, wenn sie entsprechend erschlossen werden. Die probeweise Übernahme biblischer Perspektiven von Wirklichkeitsdeutung konfrontiert

---

67 Ebd.
68 Vgl. *Cebulj*, Identitätssuche 346.
69 Vgl. *Kunstmann*, Identität 233.
70 Vgl. *Cebulj*, Bildung 253.

Schülerinnen und Schüler etwa mit der für ihre Identitätsbildung wichtigen Frage: Wer bin ich im Spiegel dieses oder jenes biblischen Textes?[71] Dabei vermittelt die Bibel nicht nur «glatte» Identitätsmodelle. Von Petrus und Paulus, Judas und Thomas erfahren Kinder und Jugendliche, welche Rolle der «Umbau» des Lebens oder der Zweifel in ihrer Biografie gespielt haben. Ihre Erfahrungen sind in Erzählungen zugänglich. Sie können Schülerinnen und Schüler dazu anstiften, Autoren ihrer eigenen religiösen Biografie zu werden. Das ist ein erster Schritt auf dem Weg zu religiöser Mündigkeit und Identität.

5   Thesen zu Religion und Identität

Die religionspädagogische Identitätsdebatte ist von einer schillernden Ambivalenz geprägt. Einerseits wurde die Kategorie Identität in keiner anderen theologischen Disziplin so intensiv rezipiert wie hier. Andererseits steht keine allgemein akzeptierte Definition zur Verfügung. Vor diesem Hintergrund schliesse ich meinen Beitrag mit einigen Thesen ab, die zurück- und vorausschauen. Es sind nicht mehr als Momentaufnahmen im komplexen Spannungsfeld von Religion und Identität, die auf ihre Weise versuchen, etwas vom «Ganzen im Fragment» abzubilden.

These 1: Identitätsbildung wird auch weiterhin grundlegende Impulse von der Religion zu erwarten haben, denn beide kreisen um Urfragen des Menschen. Identitätsfragen sind von subjektiv unbedingter Qualität und haben damit einen (wenn auch nicht immer deutlichen) Bezug zu dem Bereich, in dem Letztgültigkeiten und Unbedingtheiten verhandelt und kommuniziert werden: der Religion.

These 2: Anders als der am Gedanken der Kontinuität ausgerichtete klassisch-philosophische Identitätsbegriff kreist die Diskussion des 21. Jahrhunderts um die Paradigmen des pluralen Selbst, des multiplen Ich und der Patchwork-Identität.

These 3: Bei aller Identitätsdiffusion ist das Bedürfnis des postmodernen Subjekts offensichtlich, dennoch ein Mindestmass und Kohärenz und Kontinuität herzustellen. Identität erweist sich dabei als individuelle Konstruktionsleistung

---

71 Vgl. *Cebulj*, Identitätssuche 346.

des Subjekts, die aber nicht als Besitzstand, sondern als offener Prozess zu verstehen ist.

These 4: Die Identitätsbildung hat ihren klassischen Ort nach wie vor im Jugend- bzw. jungen Erwachsenenalter, begleitet darüber hinaus aber die gesamte Biografie des Menschen.

These 5: Obwohl Eriksons Entwicklungstheorien heute in mehrfacher Hinsicht zu erweitern sind, bildet sein Identitätskonzept nach wie vor eine solide Grundlage für die religionspädagogische Rezeption. Über Erikson hinaus legt sich heute die Vorstellung einer alltäglichen Identitätsarbeit nahe, die mit Brüchen und bleibenden Diskontinuitäten rechnet. Hier ist in Zukunft genauer zu fragen, welche Bedeutung die Religion für die alltägliche Identitätsarbeit eines Menschen haben kann.

These 6: Identität hat prozessuale Struktur und entsteht als narrative Identität aus der Erzählung des eigenen Lebens. Für religiöse Lernprozesse eröffnet das narrative Identitätsmodell die Perspektive, die Offenheit des Lebens als Wagnis zu begreifen und auf ein grundsätzliches Angenommensein durch Gott zu vertrauen.

These 7: Aus theologischer Sicht erweist sich das Modell einer Identität im Fragment als plausibel. Angesichts des Wissens um die Unfertigkeit der menschlichen Existenz und die grundsätzliche Differenz zwischen Gott und Mensch ist Identität nicht Grund und Bedingung menschlichen Lebens, sondern seine Vision: «Wir müssen uns nicht gefunden haben, um zu leben, sondern wir leben, um uns zu finden» (Henning Luther).[72]

These 8: Der Religionsunterricht wird an der Leitidee der Identitätsbildung nur dann festhalten können, wenn er explizit die Bedingungen dafür bereitstellt, dass dieser Anspruch praktisch eingelöst werden kann. Er muss dabei immer berücksichtigen, dass religiöse Identitätsbildung zum Bereich des aus prinzipiellen Gründen pädagogisch nicht Verfügbaren gehört. Der Religionsunterricht kann (und muss) Identitätsbildung zwar begleiten, jedoch immer ohne über die sich bildende Identität verfügen zu wollen.

---

72 *Luther*, Identität 151.

Literatur

Adorno, Theodor: Negative Dialektik, Frankfurt a. M. 1967.

Baacke, Dieter: Die 13- bis 18-Jährigen. Einführung in die Probleme des Jugendalters, Weinheim [8]2003.

Bauman, Zygmunt: Flaneure, Spieler und Touristen. Essays zu postmodernen Lebensformen, Hamburg 1997.

Bonhoeffer, Dietrich: Widerstand und Ergebung. Briefe und Aufzeichnungen aus der Haft, Gütersloh [11]1980.

Browning, Don: Religious thought and the modern psychologies. A critical conversation in the theology of culture, Philadelphia 1987.

Capps, Donald: Psychology of religion. A guide to information sources, Detroit 1976.

Cebulj, Christian: Bildung ist Erinnerung. Jüdisch-Christliches Lernen an Texten des Johannesevangeliums, in: *Strotmann, Angelika u. a. (Hg.):* Vergegenwärtigung der Vergangenheit (FS Joachim Maier), Frankfurt a. M./Berlin/Bern 2010, 253–266.

Cebulj, Christian: Mit Johannes auf Identitätssuche, in: Katechetische Blätter 132 (2007) 346–353.

Dressler, Bernhard: Wie bilden sich heute religiöse Identitäten?, in: Pastoraltheologie 87 (1998) 236–252.

Enzensberger, Hans Magnus: Leichter als Luft. Moralische Gedichte, Frankfurt a. M. 1999.

Erikson, Erik: Identität und Lebenszyklus. Drei Aufsätze, Frankfurt a. M. 1966 ([25]2011).

Erikson, Erik: Kindheit und Gesellschaft, Stuttgart 1982.

Esser, Wolfgang: Gott reift in uns. Lebensphasen und religiöse Entwicklung, München 1991.

Fowler, James: Stufen des Glaubens. Die Psychologie der menschlichen Entwicklung und die Suche nach Sinn, Gütersloh 1991.

Fraas, Hans-Jürgen: Religiöse Erziehung und Sozialisation im Kindesalter, Göttingen 1973.

Fraas, Hans-Jürgen: Die Religiosität des Menschen. Ein Grundriß der Religionspsychologie, Göttingen/Zürich 1990.

Gephart, Werner: Art. Identität I. Religionswissenschaftlich, in: RGG[4] (2001), Bd. IV, 20–25.

Goertz, Stephan: Identität bilden. Kennzeichen und Ambivalenzen eines prekären Unternehmens, in: *Münk, Hans J. (Hg.):* Wann ist Bildung gerecht?, Bielefeld 2008, 127–143.

Grom, Bernhard: Religionspädagogische Psychologie des Kleinkind-, Schul- und Jugendalters, Düsseldorf [5]2000.

Haußer, Karl: Identitätsentwicklung vom Phasenuniversalismus zur Erfahrungsverarbeitung, in: *Keupp, Heiner/Höfer, Renate (Hg.):* Identitätsarbeit heute. Klassische und aktuelle Perspektiven der Identitätsforschung, Frankfurt a. M. 1997, 120–134.

Haußer, Karl: Identitätspsychologie, Berlin u. a. 1995.

Hofmann, Hubert/Stiksrud, Arne: Dem Leben Gestalt geben. Erik H. Erikson aus interdisziplinärer Sicht, Wien 2004.

Keupp, Heiner: Identitätskonstruktionen. Das Patchwork der Identitäten in der Spätmoderne, Reinbek [3]2006.

Kraus, Wolfgang: Das erzählte Selbst: Die narrative Konstruktion von Identität in der Spätmoderne, Herbolzheim 2000.

Kuld, Lothar: Rezeption der Psychologie Erik H. Eriksons in der neueren Religionspädagogik, in: *Hofmann, Hubert/Stiksrud, Arne:* Dem Leben Gestalt geben. Erik H. Erikson aus interdisziplinärer Sicht, Wien 2004, 269–277.

Kunstmann, Joachim: Was ich geworden bin – was ich sein könnte. Identität als Grundfrage religiösen Lernens, in: *Deeg, Alexander/Heuser, Stefan/Manzeschke, Arne (Hg.):* Identität. Biblische und theologische Erkundungen (Biblisch-theologische Schwerpunkte Bd. 30), Göttingen 2007, 213–235.

Luther, Henning: Identität und Fragment, in: *ders.:* Religion und Alltag. Bausteine zu einer Praktischen Theologie des Subjekts, Stuttgart 1992, 160–182.

Noack, Juliane: Erik Erikson: Identität und Lebenszyklus, in: *Jörissen, Benjamin/Zirfas, Jörg (Hg.):* Schlüsselwerke der Identitätsforschung, Wiesbaden 2010, 37–53.

Noack, Juliane: Erik Eriksons Identitätstheorie (Pädagogik: Perspektiven und Theorien Bd. 6), Oberhausen 2005.

Oertel, Holger: «Gesucht wird: Gott?» Jugend, Identität und Religion in der Spätmoderne, Gütersloh 2004.

Schwab, Ulrich: Erikson und die Religion. Beiträge zur Rezeption der Theorie Erik H. Eriksons in der Gegenwart, Berlin 2007.

Schweitzer, Friedrich: Erikson als Klassiker der Religionspädagogik? Zum 100. Geburtstag von Erik H. Erikson (12.5.2002), in: Zeitschrift für Pädagogik und Theologie 54 (2002) 311–316.

Stock, Klaus: Art. Person, in: TRE 26 (1996) 220–231.

Werbick, Jürgen: Glaube im Kontext. Prolegomena und Skizzen zu einer elementaren Theologie (Studien zur Praktischen Theologie Bd. 26), Zürich/Einsiedeln/Köln 1983.

Zarnow, Christopher: Identität und Religion. Philosophische, soziologische, religionspsychologische und theologische Dimensionen des Identitätsbegriffs (Religion in Philosophy and Theology Bd. 48), Tübingen 2010.

Zinnecker, Jürgen: Vorwort, in: *Noack, Juliane:* Erik Eriksons Identitätstheorie (Pädagogik: Perspektiven und Theorien Bd. 6), Oberhausen 2005, 9–10.

Selbstkonstruierte Identität –
neue Aufgaben der Pädagogik?

Peter Loretz

«Ich habe oft das Bedürfnis, zu jemandem hinzugehen und zu fragen, du sag' mal,
wer bin ich eigentlich?
[...] Manchmal erschrecke ich Freunde, weil ich so vieles bin. Sie halten mich für so
oder so. Im nächsten Moment denken sie, ich bin ein Umspringbild. Von mir könnte
jemand, wenn ich spazieren gehe, alle zehn Meter ein anderes Bild bekommen.»[1]

Peter Handke

1   Einleitung

Es spricht vieles dafür, dass Peter Handke den schwierigen Suchprozess nach
einer persönlichen Identität anspricht, der für den modernen Menschen so
typisch geworden ist. Die Frage: Wer bin ich? ist in einer Gesellschaft, die
widersprüchlicher nicht sein könnte, zu einer belastenden Frage geworden.
«Heimat auf Zeit – Identität als Grundfrage der ethisch-moralischen Bildung», setzt in diesem Suchprozess ein paar Koordinaten aus verschiedenen
Perspektiven. Die Pädagogik bzw. Erziehungswissenschaft darf dabei nicht
abseits stehen, macht sie doch seit dem 19. Jahrhundert das Erziehungs- und
Bildungsgeschehen in den verschiedenen Institutionen zu ihrem – wenn auch
nicht alleinigen – Untersuchungsgegenstand. Die Annäherung an die pädagogische Perspektive, «Selbstkonstruierte Identität – neue Aufgaben der Pädagogik?», erfolgt über drei Hauptfragen:
    Die Frage nach der Identität ist eine, die sich im Laufe unseres Lebens
immer wieder stellt, mehr oder weniger bewusst. Insofern darf sie uns Päda-
goginnen und Pädagogen nicht gleichgültig sein – haben wir es doch immer
mit Menschen zu tun, die auf ihrem Lebensweg – was den Auf- und Ausbau
der eigenen und sozialen Identität angeht – verschiedene Entwicklungsphasen

---

1   *Handke, Peter* in: DIE ZEIT vom 3.3.1989, 79.

durchlaufen. Was hat die Pädagogik bzw. die Erziehungswissenschaft zur Klärung dieser Frage beizutragen? Welche Anleihen – den Aufbau von Identität in der Postmoderne betreffend – können bei den Sozialwissenschaften gemacht werden?

Erziehungsgeschehnisse wie Kindergartenbesuch, der erste Schultag, aber auch: eine ungerechte Strafe, ein Familienausflug besonderer Art, ein Buch, an dem einem Jugendlichen etwas «aufgeht», all das sind Ereignisse im Leben der jeweiligen beteiligten Menschen, die lange, oft lebenslang im Gedächtnis bleiben. Über Erziehung – wie über andere bedeutsame Vorgänge im Leben – kann man nicht objektiv sprechen, sondern nur vor dem Hintergrund persönlicher Erfahrungen. Wenn ich mich als Pädagoge mit Schlüsselfragen der Identität befasse, um Kinder, Jugendliche und Erwachsene besser zu verstehen, sehe ich mich zuerst auch auf meine Biografie verwiesen. «Wir Menschen sind unsere Geschichten; Geschichten muss man erzählen; darum müssen wir Menschen erzählt werden. Wer auf seine Geschichten verzichtet, verzichtet auf sich selbst.»[2] In meinen Ausführungen geht es deshalb einerseits um eine sachgerechte Annäherung an das Thema, andererseits um meine persönliche «Geschichte», worauf ich nicht ganz verzichten möchte.

Das zentrale Handlungsfeld der Pädagogik ist die Schule. Sie muss vor allem funktionieren. Darüber sind sich alle einig; die Verpflichtung der Institution Schule, auf je verschiedene Ansprüche der Beteiligten (Schüler, Lehrpersonen, Eltern …) einzugehen und das Beste aus ihr zu machen, ist eine Besonderheit, die die Schule mit keiner andern Institution in der modernen Gesellschaft teilt. Deshalb stellt sich die Frage: Kann, soll oder muss sie aufgrund dieser Verpflichtung überhaupt «Heimat auf Zeit» für alle Beteiligten sein? Praktische Pädagogik hat zwar immer zum Ziel, sich selbst überflüssig zu machen, doch sei die Frage neu gestellt: Wie gestaltet sich der Bildungsprozess, die Schule von morgen unter den Vorzeichen «selbst konstruierter Identitäten»?

2 Identität und Pädagogik – ein sperriges Gespann?

Identität und Pädagogik – ein sperriges Gespann? Womit beschreibt man am besten, was Pädagogik ist, was sie tut, ob und allenfalls welchen Beitrag zur Identitätsentwicklung sie leistet? Fangen wir mit der Praxis an. Neben all den

---

2 *Marquard*, Skepsis 64.

zahlreichen öffentlichen Debatten, Veranstaltungen, Kongressen über Fragen der Erziehung, der Bildung, der Schule usw., mit welchen Resultaten auch immer, finden wir eine als «Pädagogik» bezeichnete Praxis vor, die scheinbar unbeeindruckt davon ihre Arbeit Tag für Tag erbringt:

- Eltern erziehen ihre Kinder, erfolgreich oder weniger erfolgreich.
- Lehrpersonen auf allen Stufen unterrichten in Schulen Schülerinnen und Schüler; ihre Tätigkeit ist in eine umfangreiche Verwaltung eingebettet, die ihrerseits nicht wenige Menschen beschäftigt.
- Dazu kommen noch die Berufsausbildung und die ausserschulischen Angebote in Form von lebenslangem Lernen.

Es scheint, dass fast das gesamte gesellschaftliche Leben von pädagogischen Praktiken durchzogen ist. Keine Frage: Es sind natürlich moderne, auf wissenschaftlichen Erkenntnissen beruhende Praktiken, aber im Prinzip sind sie uralt. Es gibt sie nämlich in irgendeiner Form, seit es Menschen gibt. Offensichtlich ist eine pädagogische Praxis gesellschaftlich notwendig.[3] Notwendig heisst, dass ohne pädagogische Praxis soziales, gesellschaftliches oder staatliches Leben nicht funktionieren könnte. Sie – die Pädagogik – befindet sich in guter Gesellschaft mit andern notwendigen Funktionen und Tätigkeiten, die von Politik, Wirtschaft usw. übernommen werden. Die Notwendigkeit dieser Tätigkeiten ist unmittelbar einsichtig, vermutlich weniger, dass dies auch für die Pädagogik gelten soll.

Es ist nämlich die «Entwicklungstatsache» (Bernfeld), auf der alle Pädagogik gründet. Sie ist das Einzige an ihr, was prinzipiell feststeht. Die biologische Tatsache zeigt nämlich, dass Kinder nach der Geburt über Jahre hinweg auf Erwachsene angewiesen sind, ohne deren Hilfe sie nicht lebensfähig und noch nicht fähig sind, am gesellschaftlichen Leben teilzunehmen. Daraus folgt: Die pädagogische Praxis als naturbedingte und deshalb notwendige ist allen denkbaren Erkenntnissen vorgegeben, nicht aus diesen abgeleitet. Kinder werden nämlich geboren, egal welche theoretischen Standards man jeweils für die Organisation ihres Aufwachsens (Kindergarten, Volksschule, Mittelschule, Berufsschule ...) zur Verfügung hat.[4]

Keine Frage: Die pädagogische Praxis ist stark von nicht naturgegebenen – also von kulturellen und wissenschaftlichen – Faktoren wie Traditionen,

---

3 Vgl. *Giesecke*, Pädagogik 17.
4 Vgl. a. a. O. 18–19.

Trends, wissenschaftlichen Methoden und Ergebnissen usw. beeinflusst, aber diese können sie nicht grundlegen. Mit anderen Worten: Alle diese kulturellen Faktoren und Wissenschaften einschliesslich der Erziehungswissenschaft selbst können für diese Praxis nur dienende, helfende, aufklärende Funktion haben.

Auf der Basis also dieser «Entwicklungstatsache» macht sich die pädagogische Praxis zur Aufgabe, Kinder und Jugendliche auf dem Weg ihrer Persönlichkeitsbildung (Personalisation) und ihres gesellschaftlichen Anpassungsprozesses (Sozialisation) zu begleiten. Beide parallel verlaufenden Erziehungsprozesse, Personalisation auf der einen Seite und Sozialisation auf der andern Seite wollen Gewähr dafür bieten, dass Kinder und Jugendliche zu einer selbständigen befriedigenden Lebensführung gelangen.

Dem Anspruch der Kritischen Erziehungswissenschaft gemäss – deren Vertreter unter anderen Klaus Mollenhauer war – sollte Pädagogik so konstruiert werden, dass die Bildung mündiger und kritisch-emanzipierter Persönlichkeiten realisiert werden kann. Im Kontext mit «Erziehung zur Mündigkeit» wird auch die Beschäftigung mit Fragen der Identität zum Thema. Mollenhauer versteht Identitätsbildung als zentrale Aufgabe einer emanzipatorischen Erziehung. Wir können davon ausgehen, dass damit nicht einfach eine pädagogische Zielformulierung gemeint ist, sondern eine tendenzielle Gleichsetzung von Erziehung und Identitätsbildung. In seinen «Theorien zum Erziehungsprozess» führt er aus:

> «Die Bildung der Identität als Balance zwischen ihrer sozialen und personalen Dimension ist ja zugleich die Bildung eines Bedeutsamkeits-Horizontes, innerhalb dessen das Individuum im Rahmen der Gruppen, denen es zugehört, Probleme und Inhalte gewichtet und damit konkrete Lernperspektiven erwirbt. Infolgedessen ist die Behauptung gerechtfertigt: Wo immer Lernerwartungen entstehen oder an Individuen gerichtet werden, steht deren Identität zur Diskussion, d. h. die Frage, in wie weit sich die in den Erwartungen zum Ausdruck kommende Perspektive in die gebildete und balancierte Identität dieses Individuums integrieren lässt.»[5]

Hier ist klar zu erkennen, dass Mollenhauer Identität nicht als stabiles, sondern als permanent wandelbares Konstrukt erachtet. Er macht sich gleichzeitig auch stark für die Identitätsbalance. Auf- und Ausbau der Identität meint die Aufgabe des Individuums, in immer wieder neuen Lebens- und Lernsitu-

---

5 *Mollenhauer*, Theorien 105.

ationen zwischen Rollendistanz, Konflikttoleranz und Empathie auszubalancieren. Erziehung ist Identitätsbildung.

Mollenhauers theoretischen Überlegungen wird wohl auch heute niemand direkt widersprechen, aber die Verpflichtung für das pädagogische Handeln ist mittlerweile verblasst. Die Bedingungen des Aufwachsens haben sich in der Zwischenzeit stark verändert und das Leitbild «Erziehung zur Mündigkeit» hat an Attraktivität verloren. Sowohl die Pädagogik als Wissenschaft als auch die Schule als Erziehungspraxis haben keine eigentlichen Konzepte entwickelt, mit denen sie auf die neuen Herausforderungen der Postmoderne reagieren könnten. Das Ziel der Mündigkeit wurde an den Rand geschoben, weil es im postmodernen Menschenbild keinen Platz mehr hat. Neben dem Ziel der Mündigkeit nimmt ein anderes Lernziel mehr Raum ein: die Selbstverwirklichung des Individuums.

Damit tendiert die praktische Pädagogik dahin, die Entwicklungen so zu akzeptieren, wie sie nun einmal sind, und kommt ihnen soweit möglich entgegen, statt ihnen entgegenzutreten. Diese Tendenz hat sich in der pädagogischen Formel verdichtet, es komme drauf an, die Kinder und Jugendlichen dort abzuholen, wo sie stehen, um sie auf dem Weg zu ihrer Selbstverwirklichung zu begleiten. Das hat eine gewisse Logik. Wo es schwieriger geworden ist, überindividuelle Erziehungsziele zu formulieren – z. B. eben das der Mündigkeit – bleibt nur das Individuum übrig, aus dem heraus sich die Ansprüche und Ziele des Erziehungsvorganges begründen lassen. Wenn wir Pädagogen also Kinder und Jugendliche dort abholen wollen, wo sie stehen, kommen wir gleichwohl nicht darum herum, uns die Frage der Identität, der Identitätsentwicklung, der Identitätsarbeit neu zu stellen. In diesem Zusammenhang ist es sinnvoll, Anleihen bei den Sozialwissenschaften zumachen, die den Diskurs über Fragen der Identitäten seit Längerem vorantreiben.

3 Schlüsselfragen der Identität: Anleihen bei den Sozialwissenschaften

Seit den 60er Jahren wurde der Diskurs über Identitäten von den Sozialwissenschaften forciert. Heiner Keupp macht in seiner Abhandlung in diesem Band deutlich, worum es in diesem Diskurs geht:

«Es geht bei ihm um den Versuch, auf die klassische Frage der Identitätsforschung eine zeitgerechte Antwort zu geben: Wer bin ich in einer sozialen Welt, deren Grundriss sich unter Bedingungen der Individualisierung, Pluralisierung und Globalisierung verändert?»[6] Am Anfang steht auch bei den Sozialwissenschaften die Frage: Wer bin ich? – Warum ist eine so einfache Frage so schwierig zu beantworten? Mehr oder weniger bewusst muss jeder Mensch eine Antwort finden auf diese Frage. Die Antwort muss er nicht nur für sich selbst finden, sondern auch gegenüber einem sozialen Umfeld. Antworten zu finden auf diese einfache Frage war noch in keiner Generation leicht. In der heutigen Zeit ist es noch viel schwieriger geworden. Welchen Beitrag zur Beantwortung dieser Frage dürfen wir aus Anleihen bei den Sozialwissenschaften erwarten?

3.1 Identitätsbildung in traditionellen Gesellschaften: Sicherheit und Anerkennung

Klassische, traditionelle Konzepte setzen bei der Identitätsbildung auf Stabilität, Traditionen, Normen, überlieferte Werte usw. Die Sozialisation bzw. Identitätsbildung ist dann erfolgreich, wenn das Individuum die vorgegebenen gesellschaftlichen Normen und Rollensysteme ohne Abweichungen angenommen hat. Motivationen und Orientierungsmuster werden ohne grosse kritische Reflexion einfach übernommen. Solche Konzepte verlangen Identität.

Ein klassisches Modell der Identitätsentwicklung stammt von Erik Erikson.[7] Es geht von zwei Polen aus: Auf der einen Seite steht das Individuum, das Ich, auf der andern Seite steht die soziale Umwelt. Identität kann nach Erikson nicht durch das Individuum allein entstehen, sondern muss gleichfalls durch die Aussenwelt gefordert und reflektiert werden. Somit ist Identität ein Ergebnis, nämlich die Bewältigung der Anforderungen, die aus der Einbettung des Individuums in eine Sozialordnung resultieren. Jede Phase der Entwicklung erlebt nach Erikson zunächst ihren Aufstieg, tritt in eine Krise und findet dann ihre dauernde Lösung. In der Phase der Adoleszenz wird die Identitätsfindung besonders akzentuiert erlebt: Nicht nur die biologische Reife, sondern auch die sich ändernden sozialen Erwartungen stellen an die Heranwachsenden immer neue Anforderungen.

Trotz Kritik an diesem Konzept machen zwei Merkmale den Gedanken über Identität deutlich:

---

6 *Keupp*, Ringen, in diesem Band 13.
7 Vgl. *Erikson*, Identität 123–212.

a) die Ich-psychologische Ausrichtung, d. h. die Entwicklung eines sich aktiv mit der Umwelt auseinandersetzenden Ichs und

b) die soziale Ausrichtung, d. h. das Bedürfnis nach Symmetrie und Harmonie, das in der Konzeption einer gegenseitigen Abstimmung von Individuum und Umwelt zum Ausdruck kommt.

Das Suchen von Antworten auf die zentrale Frage der Identität (Wer bin ich?) kann als wichtigste Aufgabe der Jugendzeit angesehen werden, was sich in der Folge auch umgangssprachlich durchgesetzt hat. Insbesondere bei Problemen im Jugendalter ist dann die Rede davon, dass es Aufgabe der Erziehung sein müsse, einem Heranwachsenden zu seiner Identität zu verhelfen; dass ein Jugendlicher seine Identität verfehlt oder dass man am Verhalten den Reifegrad seiner Identität ablesen könne usw. Das Wort scheint geeignet zu sein, einem wichtigen Phänomen den Namen zu geben. Im alltäglichen Verständnis fällt die gesellschaftliche Verortung dieses Phänomens mit dem Jugendalter zusammen, also mit dem Lebensabschnitt, in dem Jugendliche schwieriger werden.

Der Prozess der traditionellen Identitätsbildung erlaubt es dem Individuum, sich in der jeweiligen sozialen Welt zu verorten. Neben den individuellen Aufgaben, die sich für jedes Individuum persönlich und anders stellen, gibt es Aufgaben, die für alle gelten und die man als Ergebnis der Identitätsentwicklung im klassischen Sinn deuten kann:

– Kohärenz:

Wie gelingt es dem Individuum, aus einer Vielzahl von Möglichkeiten für sich eine stimmige Identität aufzubauen und sich dabei als kohärent, als Ganzheit zu erleben?

– Autonomie und Anerkennung:

Lassen sich zentrale Ziele benennen, die im Vordergrund der Identitätsarbeit stehen? Gelingt es dadurch dem Individuum, zu einer gewissen Autonomie und Anerkennung innerhalb seiner sozialen Welt zu gelangen?

– Authentizität:

Wie gelingt es dem Subjekt, die Identitätsarbeit so zu gestalten, dass daraus ein Gefühl entsteht, selbst etwas Gelungenes geschaffen zu haben?

In traditionellen Gesellschaften und Institutionen (Familie, Kirchen, Schulen usw.) ist die Ausbildung einer individuellen Identität massgeblich abhängig von Interaktionen des Individuums mit andern Menschen. Dies geschieht über Sprache und andere Mittel der Kommunikation. Daraus entstehen dann zusammenhängende Geschichten, in die Menschen verstrickt sind. Geschichten im Sinne der Identitätsbildung werden erst zu Geschichten, wenn ihnen etwas dazwischen kommt, wenn einem geregelten Ablauf etwas Unvorhergesehenes widerfährt. Dann müssen sie – als Geschichten – erzählt werden, um die Geschichten fortzusetzen.[8]

Spuren meiner Identitäts-Geschichte

Aufgewachsen als ältestes Kind in einer Grossfamilie im bergbäuerlichen Milieu, charakterisiere ich rückblickend Facetten meiner Identitätsentwicklung bzw. -arbeit mit rhythmisiert, ritualisiert, geregelt, fraglos akzeptiert, nicht oder kaum reflektiert.

Der jahreszeitliche Rhythmus, das Bergauf und Bergab einer Bergbauernfamilie im alpinen Raum, entweder mit dem Vieh, ohne das Vieh oder für das Vieh wurden unter anderen zu prägenden Elementen meiner Identität.

Den Doppeldecker bildete die Kirche, in meinem Fall die katholische. Das Kirchenjahr war ebenso rhythmisiert und ritualisiert und passte zum bergbäuerlichen Lebensrhythmus. Mit ihren Riten führte uns die Kirche in neue Lebensabschnitte. Sie bot Heimat und Reibungsflächen zugleich. Es war durchaus angenehm, die strenge Arbeit für Erwachsene und Kinder von zahlreichen Sonn- und vor allem Feiertagen unterbrechen zu können, auch wenn an diesen Tagen der obligatorische Kirchgang angesagt war. Ich habe mir die Mühe gemacht, alle Feiertage während meiner Kinder- und Jugendzeit zu zählen. Ich komme auf die stattliche Zahl von 18, d. h. alle drei Wochen ein zusätzlicher Feiertag.

Dieses rhythmisierte, regulierte und ritualisierte Alltagsleben hatte seine Fortsetzung in der Volksschule. Ich kam noch in den Genuss der Halbjahresschule. Von anfangs Oktober bis Ende April war Schul- bzw. Lernzeit angesagt. Die Arbeitszeit der ganzen Familie (Kinder und Erwachsene) erstreckte sich von Mai bis Ende September. Ferienzeit im heutigen Verständnis gab es nicht, dafür freuten wir uns meistens auf die zahlreichen Feier- und Festtage im Verlaufe des Kirchenjahres.

Eine weitere Fortsetzung der «traditionellen» Identitätsentwicklung fand anschliessend auch im Bündner Lehrerseminar statt. Die Allgemeinbildung hat mir dort als Seminarist Tür und Tor zur Welt der Bildung und Kultur geöffnet, keine Frage. Daneben aber – das war damals ein ebenso bedeutender Teil – wurde ich im Alltags- und Schulleben während der Ausbildung zum Primarlehrer in

---

8 Vgl. *Marquard*, Skepsis 64.

meiner bergbäuerlich geprägten Identität immer wieder bestärkt. Das rhythmisierte, geregelte und zum Teil ritualisierte Leben im Konvikt (Wohnort) und im Lehrerseminar kam mir entgegen, und ich nahm bewusst oder unbewusst zur Kenntnis, dass ein guter Teil meiner persönlichen Facetten von Identität mit dem übereinstimmte, was die Institution Lehrerseminar neben der Allgemeinbildung an berufsidentitätsstiftenden Massnahmen mit uns vor hatte.

Übrigens: Was ich als Seminarist im Lehrerseminar mitbekommen habe – in Allgemeinbildung und an berufsidentitätstiftenden Einheiten – hat sich in der Primarschule der 1970er Jahre einigermassen gut bewährt.

Nach einer längeren Unterbrechung kehrte ich als Lehrer ans Bündner Lehrerseminar zurück. Ich setzte mich zwar in das «alte Nest», allerdings mit umgekehrten Vorzeichen: Seminaristinnen und Seminaristen waren anders; ihre Bedingungen des Aufwachsens haben sich unterdessen geändert, sind nicht mehr die gleichen, wie ich sie erlebt und erfahren habe.

Mit der institutionellen Reform, mit der Verlegung der Lehrergrundausbildung auf die Tertiärstufe hat meine Identitäts-Geschichte noch eine weitere Fortsetzung erlebt.

Rückblickend auf die skizzierten Spuren meiner «Identitätsgeschichte» konstatiere ich Folgendes: Es ist nicht von der Hand zu weisen, dass ich gewissen «Identitätszwängen» –beeinflusst durch mehr oder weniger intakte Institutionen – ausgeliefert war. Umgekehrt hat mir gerade dieser Prozess zu Sicherheit und Akzeptanz ohne grosse Risiken in meiner sozialen «Welt» verholfen. Iso Camartin trifft dieses permanente Balancieren am ehesten, wenn er ausführt:

«Identität ist vielleicht jene Befindlichkeit, in der man nicht ganz in sich hinein und nicht ganz aus sich heraus muss, um in der Welt einigermassen erträglich sich einrichten zu können.»[9]

3.2 Identitätsbildung in der Postmoderne: verlorene Sicherheit – gewonnene Freiheiten

Für viele Menschen ist es heute alles andere als klar, wie sie auf die Frage: Wer bist du? antworten sollen. Vielen fällt es schwer, dazu eine zusammenhängende Geschichte zu erzählen, oder sie können mehrere und durchaus widersprüchliche Geschichten erzählen. Es gibt gute Gründe, dieses Phänomen nicht allein als Zeichen gesellschaftlicher Umbrüche und damit veränderter

---

9   *Camartin*, Worte 60.

Bedingungen der Identitätsentwicklung zu deuten, sondern es steht auch im Zusammenhang mit der anthropologischen Grundfrage, mit der Frage nämlich nach dem Selbst.

Kinder und Jugendliche sind heute anders, weil die Kindheit anders ist. Die Kindheit hat sich verändert, weil sich die Lebensverhältnisse geändert haben. Veränderungen sind zwar nicht so neu. In der Postmoderne aber haben sie eine neue Qualität erlangt. Die Frage: Wer bin ich? in einer sozialen Welt, deren Basis sich unter Bedingungen der Individualisierung, Pluralisierung und Globalisierung dramatisch verändert, stellt sich unter ganz neuen Vorzeichen.

Wissenschaften haben eine Reihe von Konzepten entwickelt, mit denen jeweils bestimmte Facetten der gesellschaftlichen Veränderung als dominierend herausgestellt werden. Für die Erziehung und Entwicklung von Kindern und Jugendlichen dürfte vor allem das Konzept der «Erlebnis-Gesellschaft» (Schulze) von Bedeutung sein. Es fokussiert die pädagogische Idee des sich selbst verwirklichenden autonomen Menschen. Die Erlebnisgesellschaft hat eine eigene Kultur hervorgebracht, die bis in die Klassenzimmer vorgedrungen ist. Als Grundprinzip gilt: «Es geht nicht um Ergebnisse, es geht um Beteiligung.»[10] Kinder und Jugendliche widersetzen sich dieser Idee nicht. Sie werden im Elternhaus so erzogen, sind den Einflüssen der Zeit ausgeliefert, leisten kaum Widerstand, müssen auch nicht. Es kommt nicht mehr so darauf an, was man tut, sondern vielmehr, wie man sich dabei fühlt. Nicht die Herausbildung eines Kerns einer persönlichen Identität ist das Ziel, sondern die Realisierung möglichst vieler Erlebnisoptionen. Damit verbunden ist ein grosser Wandel im Auf- und Ausbau der persönlichen und sozialen Identität des Menschen.

Die alten Muster des Aufbaus einer Identität sind verblasst. Weder Traditionen noch Beruf, noch soziales Milieu, noch Herkunftsregion u. a. bilden für die heranwachsende Generation allein verbindliche Raster zur Identitätsentwicklung. Die neuen Muster sind bestimmt durch die Wahlfreiheit. In der Erlebnisgesellschaft entscheidet sich der Mensch durch das, was er bekommen kann; seine entscheidende Lebensform ist die Möglichkeit zu wählen.

Ein anderes Konzept geht davon aus, dass es eine grundlegende Verschiebung des Verhältnisses zwischen Intimität und Öffentlichkeit gibt. Das mag unter anderem damit zusammenhängen, dass Kinder und Jugendliche das Gefühl für die Wirklichkeit verlieren. Wer im Netz mit anonymen Gesprächs-

---

10 *Schulze*, Erlebnis-Gesellschaft, zit. nach *Brenner*, Wie Schule funktioniert 47.

partnern zu chatten sich angewöhnt, die er oder sie nie kennen lernen wird, von denen man sich einfach wegklicken kann, wenn man keine Lust mehr hat, wird andere Umgangsformen entwickeln als der, der im Klassenverband mit Mitschülern und -schülerinnen konfrontiert ist. Grenzen zwischen der Welt der Kinder und Jugendlichen einerseits und der Erwachsenenwelt andererseits sind fliessend geworden.

Ein weiteres wichtiges Merkmal postmoderner Gesellschaften ist die Zergliederung der Gesamtstruktur in institutionelle Bereiche. Diese Bereiche sind mehr oder weniger auf je bestimmbare und abgegrenzte Funktionen ausgerichtet. Sie sind zwar voneinander nicht völlig unabhängig, folgen aber im Wesentlichen doch eigenen Normen und Gesetzmässigkeiten. Das bedeutet, dass Verhaltensnormen in einzelnen Institutionsbereichen nicht direkt auf die andern Teilsysteme übertragbar sind. Mit anderen Worten: Die Sinn gebenden Momente der verschiedenen Teilsysteme sind nicht mehr an die persönliche Identität, sondern an die Institutionen gebunden. Die geltenden Verhaltensregeln sind stark von den Anforderungen der institutionellen Grundfunktionen bestimmt. Sie sind zweckrational auf diese bezogen und damit weitgehend aus einem übergeordneten Sinnzusammenhang herausgelöst. Der Einzelne wird im Zuge dieses gesellschaftlichen Veränderungsprozesses selbst zum Handlungszentrum oder, mit den Worten von Beck, zum «Planungsbüro in Bezug auf seinen eigenen Lebenslauf»[11].

Die Bilanz dieses Veränderungsprozesses hat eine Gewinn- und Verlustseite. Soziologen begreifen die neuen Formen der Identitätsarbeit als riskante Chance: Dem Gewinn an Freiheit und Wahlmöglichkeiten für die Gestaltung der eigenen Identität steht ein Verlust kollektiver Sicherheit und Zugehörigkeit gegenüber. Gemeinsam ist Identitätskonzepten der Postmoderne die Annahme, dass Sinngebung und Identitätsbildung in einer zersplitterten Sozialwelt zu einer privaten Angelegenheit eines jeden Einzelnen geworden sind.[12]

Drei Ansätze, die sich in der Literatur zu Konzepten[13] verdichtet haben, seien hier in Kurzform erwähnt:

Das Konzept der «Patchwork-Identität» (Keupp) steht auf der positiven Seite. Für individualisierte Menschen gibt es den Markt für Sinnangebote und

---

11 *Beck*, Risikogesellschaft 217.
12 Vgl. *Eickelpasch/Rademacher*, Identität 6–7.
13 Vgl. a. a. O. 11–12

Lebensstile, unter denen sie mehr oder weniger frei wählen können. Identitätsarbeit in dieser Sicht ist ein kreativer Prozess der Selbstorganisation. Es gelingen oft überraschende Verknüpfungen von Lebensmustern und -stilen, die dann zu einem Sinnganzen zusammengefügt werden. Wahlfreiheit wird höher gewichtet als die verlorene Sicherheit.

Das Konzept von Richard Sennett «Der flexible Mensch» nimmt demgegenüber die Verlustseite des gesellschaftlichen Wandlungsprozesses in den Blick. Seine weniger positiv gestimmte Analyse betrifft vor allem die Veränderungen in der Arbeitswelt, die sich von einer langfristigen Ordnung zu einem neuen Regime kurzfristiger Zeit entwickelt hat. Für die Identitätsentwicklung stellt sich in diesem Zusammenhang die Frage: Wie können unter solchen Vorzeichen überhaupt noch Identifikationen, Verpflichtungen auf bestimmte Ziele hin entstehen?

Baumann redet in seinem Modell gar nicht mehr von Identität, sondern lediglich von postmodernen Lebensstrategien. Es gehe nicht mehr darum, eine Identität zu fundieren, sondern im Gegenteil, eine zu vermeiden.

Die Ausbildung der persönlichen Identität, die in der traditionellen Gesellschaft weitgehend sozial und kulturell vorgeprägt war, wird in der Postmoderne dem Einzelnen als Eigenleistung abverlangt. Gefordert sind Individuen, die quasi mit einem Kompass ausgestattet sind, der es ihnen erlaubt, alle möglichen Rollen unter einen Hut zu bringen und sich auch in wechselnden sozialen Bezügen als Ganzheit zu erfahren. Erst der Umbruch traditioneller Sinnwelten, die Öffnung der Gesellschaft u. v. m. gibt «selbst konstruierten Identitäten» wieder Raum und Sinn.[14]

4 Neue Aufgaben der Pädagogik oder: Heimat auf Zeit – auch in der Schule?

Der Ruf nach der freien Schulwahl liegt – nach diesem Exkurs in die veränderte Kindheit und damit verbundene Identitätsentwicklung – fast schon auf der Hand. Auch die freie Schulwahl könnte zum kreativen Prozess der Selbstorganisation werden. Könnte, sage ich bewusst. Selbst bin ich ein vehementer Gegner dieser Forderung. Eine der wichtigsten Errungenschaften des 19. Jahrhunderts dürfen wir unter keinen Umständen aufgeben, obwohl

---

14 Vgl. a. a. O. 18.

Kinder, Jugendliche und Erwachsene heute anders sind, für ihre Identitäts-entwicklung weitgehend selbst Verantwortung übernehmen müssen. Institu-tionen wie Familie, Nachbarschaft, Schule, Kirche usw. haben ihre «Auren» (Reichenbach) weitgehend verloren und sind ausserstande, einen übergeord-neten identitätsstiftenden Raster zu bilden.

Trotz dieser Tatsache setze ich auf institutionelle, auf innere Bildungs- und Schulreform. Wie sind Erziehungs- und Bildungsprozesse in der Schule zu gestalten angesichts der Veränderungen von Lebenswelten und Identitätskon-zepten bei Kindern, Jugendlichen und Erwachsenen? Kann die Schule als zen-trales Handlungsfeld der Pädagogik unter diesen Vorzeichen überhaupt «Hei-mat auf Zeit» sein? Wie kann sie das allenfalls sein?

Schule muss funktionieren. Darüber sind sich alle einig. Sie ist als Insti-tution verpflichtet, auf je verschiedene Ansprüche der Beteiligten (Schüler, Lehrpersonen, Eltern …) einzugehen und das Beste daraus zu machen. Neue Herausforderungen der Pädagogik stellen sich heute im Zusammenhang des Paradoxons, «Verbindlichkeiten in der Vielfalt» zu schaffen. Wie kann ein sol-ches Bildungs- und Erziehungsverständnis in Schule und Unterricht ausge-halten, ausgehandelt und ausgeübt werden? Im Hinblick auf die Umsetzung scheinen folgende Leitideen erste Hinweise zu geben:[15]

Schlüsselerfahrungen

Wenn Pluralität als Vision erfahrbar gemacht werden soll, müssen Schlüssel-erfahrungen möglich sein, die zeigen, dass ein und derselbe Sachverhalt sich in unterschiedlichen Sichtweisen völlig anders darstellen kann.

Widersprüche

Es geht nicht darum, eine zufällige Auswahl von Erfahrungen in Übereinstim-mung zu bringen, sondern darum, Unterschiede und Widersprüche aufzu-decken und herauszuarbeiten. Einheitlichkeit kann nur erreicht werden, wenn man Vielfalt nicht bestreitet.

Unvorhergesehenes wagen

Lernende und Lehrende sollen auch Erfahrungen ausgesetzt werden, die geeignet sind, ihre Sichtweisen in einer Weise zu transformieren, wie sie zu Beginn nicht absehbar sind.

---

15 Vgl. *Wanzenried*, Unterrichten 36–38.

Differenz und Vielfalt

Zentral ist das Recht auf Differenz und Vielfalt der Sichtweisen, was nach einer Gesprächskultur ruft, die Widersprüchen gerecht wird. Dabei ist es wichtig, dass nach Ausdrucksformen gesucht wird, die unter anderem bisher Unsagbares zur Sprache bringen.

Beliebigkeit

Soll Erziehung und Bildung nicht zur Beliebigkeit verkommen, ist klarzustellen, dass innerhalb des Bezugssystems Schule Regeln gelten, die Sicherheit und Verbindlichkeit gewährleisten – nur sind sie eben nicht allgemein gültig.

Bildung als Aufgabe

Schliesslich ist nicht zu vergessen, dass unter diesen Prämissen Bildung weder pädagogisch machbar noch einem sich bildenden Subjekt verfügbar ist, sondern nur als Aufgabe verstanden werden kann, die anregt und irritiert.

Solche Leitideen – Ausdruck eines postmodernen Bildungsverständnisses – bilden die Basis für pädagogische Reformen in Schule und Unterricht. Und es hat sich in dieser Richtung tatsächlich viel bewegt in den letzten 20 Jahren, vielleicht manchmal zu viel. Fehr veranschaulicht die Bildungs- und Schulreformbemühungen mit dem Bild einer Bergtour.[16] Es ist wie das Gefühl nach einem mühsamen Aufstieg auf einen Berggipfel und dann, oben angekommen, der Genuss einer herrlichen Aussicht. Die Schule ist auf dem Weg zum Gipfel, wo wir eine mehrperspektivische Aussicht auf die Volksschule der Zukunft haben, die wir uns (fast) alle wünschen. Im Folgenden beschreibe ich fünf Perspektiven – in Anlehnung an das reformpädagogische Konzept von Hentigs[17] – besagter Panoramasicht.

Perspektive 1: Auch die Schule der Zukunft ist eine Schule.

Nach wie vor werden an diesem Ort wichtige Kenntnisse erworben, Fähigkeiten entwickelt und geübt, Vorstellungen geordnet. Kinder und Jugendliche werden auf das Leben danach vorbereitet. Sie erfahren, wie die Gesellschaft ihre Leistungen einschätzt, welche Rollen und Aufgaben für sie bereitstehen, welche Chancen sie haben und welche nicht. Schüler und Schü-

---

16 Vgl. *Fehr*, Schule 7.
17 *Hentig*, Die Schule neu denken.

lerinnen erfahren auch, dass sich die Schule und ihre Lehrpersonen um Diagnose und Prognose bemühen, um eine weiterführende Schule oder Ausbildung zu bewältigen.

Auch in der Schule der Zukunft arbeiten Lehrkräfte nach einem Lehrplan und zum Teil mit obligatorischen Lehrmitteln.

Auf dem Weg zum Gipfel steht sie noch tief im Reformprozess, um nicht zu sagen Reformwahn (Reichenbach), vor allem bezüglich ihrer drei Hauptfunktionen: In der Qualifikationsaufgabe steht noch ein schwieriges Wegstück bevor. Stichwort dazu ist der Lehrplan 21. Die Selektionsaufgaben betreffend, liegen sogar noch Stolpersteine im Weg: frühe versus späte Selektion; Einführung von Standards und deren Überprüfung nach 4, 8 und 12 Schuljahren usw. Die umfassende Integrationsaufgabe hat erst ein kleines Wegstück hinter sich, und wir hoffen, dass dieses Reformvorhaben nicht in die «Concorde-Falle»[18] tappt.

Perspektive 2: In einer Schule als Lebens- und Erfahrungsraum kann sich der ganze Mensch entfalten.

Für die Mehrzahl der Kinder und Jugendlichen ist Schule der wichtigste Aufenthaltsort und das Schullernen eine herrschende Lebensform. Die zukünftige Schule kann zum Lebens- und Erfahrungsraum werden, wenn so viel Belehrung wie möglich durch Erfahrung ersetzt oder durch Erfahrung ergänzt wird. Dieses Prinzip der Ganzheitlichkeit ist kein didaktischer Kunstgriff, sondern durch allgemeine Merkmale unseres gesellschaftlichen Lebens gefordert. Es ist neben Wohlstand, Freizeit, Mobilität usw. gekennzeichnet durch

– den Verlust sinnlicher Erfahrung zugunsten von Theorie,
– den Verlust von Zusammenhang und Sinn zugunsten von Funktionalität,
– den Verlust von Verantwortung zugunsten von gespeichertem Wissen
– den Verlust von Unmittelbarkeit zugunsten von Vermittlung.

Schule als Lebens- und Erfahrungsraum bemüht sich, ein Leben im Kleinen ohne diese Verluste zu ermöglichen. Sie verfügt deshalb über zahlreiche Lernorte, die nicht nur im Unterricht genutzt werden, sondern den Kindern und Jugendlichen auch während der Pausen oder Freizeit zur Verfügung stehen. Unterricht, in dem sich der ganze Mensch entfalten kann, ist eine dem Alter

---

18 *Reichenbach, Roland* in: Tagesanzeiger Magazin 19/2010.

der Kinder gemässe Form, Leben und Lernen, Erfahrung und Belehrung zu verbinden. Dabei gilt es zu beachten, dass die Stufung des Bildungsprozesses der Gliederung der Gegenstände in der Schule entspricht: Zu Beginn die Erfahrungsbereiche – später erst die Fächer.

Unterricht im Sinne der Ganzheitlichkeit entspricht auch Merkmalen von gutem Unterricht, die heute in Kindergärten und Schulen bereits umgesetzt werden.

Perspektive 3: Die Schule ist ein Lebensraum – neben den Lebensräumen Familie und Wohnung, Strasse und Nachbarschaft und Natur –, in dem es primär um Beziehungen geht.

Bildungsinstitutionen wie die Schule sind keine Industriezweige, die sich total steuern, messen und kontrollieren lassen. Im Gegenteil: Die Schule der Zukunft muss sich wieder den Menschen zuwenden, die mit ihr zu tun haben; allen voran den Schülerinnen und Schülern. Sie sind keine Aktenordner, in den man Blatt für Blatt Wissensinhalte einheften kann, sondern Lebewesen, deren Erleben und Verhalten anderen Regeln unterworfen sind. Kinder im Bildungs- und Erziehungsprozess voranzubringen ist etwas anderes als das, was Verwaltungsleute und Politiker tun. Alles schulische Lehren und Lernen ist eingebettet in ein interaktives und dialogisches Beziehungsgeschehen. Die Gestaltung einer guten Beziehung ist die wichtigste Voraussetzung für einen erfolgreichen Bildungsprozess; sie verbessert nicht nur die Lernbereitschaft, sondern führt letztlich auch zu besseren schulischen Leistungen, wie Studien gezeigt haben.

Die vielen Schulreformen der letzten Jahre haben das Etablieren tragfähiger Beziehungen zwischen Kindern und Lehrpersonen nicht einfacher gemacht. Zu oft wird Didaktik und Methodik der Stoffvermittlung ins Zentrum gesetzt und nicht das Kind als soziales und lernendes Wesen. Das Mehrlehrpersonen-System bereits auf der Primarschule ist für beide Seiten nicht befriedigend; Kinder und Lehrpersonen werden dadurch beziehungsmässig oft überfordert.

Auf unserer Bergtour sind entsprechende Rahmenbedingungen nötig, die es der Lehrperson erlauben, dem Kerngeschäft nachzukommen, Beziehungen zum einzelnen Kind zu pflegen und nicht nur möglichst viel Stoff zu dozieren. Idealerweise umfasst die Beziehungsarbeit nicht nur das Kind, sondern auch dessen Eltern oder Erziehungsberechtigten. Lehrpersonen helfen mit, dass ihr Kerngeschäft durch die sich ausbreitende Schulbürokratie nicht marginalisiert wird.

Perspektive 4: Die Schule der Zukunft lebt mit Unterschieden.

Unterschiede bejahen, das sagt sich leicht; mit Unterschieden umgehen oder gar Unterschiede für besseres Lernen zu nutzen, das ist viel schwieriger. In der Schule der Zukunft ist Unterricht anders angelegt; Unterschiede zwischen den Kindern und Jugendlichen werden bejaht und als Bereicherung verstanden. Gute Schulen individualisieren deshalb Unterricht und Erziehung und fördern alle Kinder in gleicher Weise. Sie kennen, erkennen und anerkennen unterschiedliche Begabung, Herkunft, Leistung und Interessen. Sie sind fähig, diese Unterschiede für das gemeinsame Lernen der Kinder und Jugendlichen hilfreich aufzugreifen. Bei den Lehrpersonen gehört der wirksame Umgang mit Vielfalt zu den wesentlichen Bestandteilen beruflicher Kompetenz und Entwicklung.

Diese Perspektive ist nicht utopisch. Ein guter Teil des Lernens erfolgt tatsächlich individuell. Dass jedes Kind seine Aufgabe hat und die Lehrperson aufsucht, wenn es sie braucht, oder die Lehrperson zu ihm geht, das ist keine realitätsferne Vorstellung.

In der Lernpsychologie und in der Didaktik sind die entsprechenden Stichworte durchaus verankert:

- Innere Differenzierung nach Zielen, Inhalten, Methoden, Lernstilen, Interessen
- Lernarrangements: Werkstattunterricht, Projektunterricht, Planarbeit, Freiarbeit
- Formen des Kooperativen Lernens
- Differenzierende Formen der Leistungsbeurteilung
- Formen integrativen Unterrichts

Keine Frage: In dieser Beziehung sind wir ein gutes Wegstück vorangekommen, dürfen uns aber gleichwohl nicht auf den bisherigen pädagogisch-didaktischen Reformansätzen ausruhen.

Perspektive 5: Die Schule der Zukunft ist ein Ort, an dem der Einzelne die Notwendigkeit, die Vorteile und den Preis des Lebens in der Gemeinschaft erfährt.[19]

Am Modell einer solchen schulischen Gemeinschaft lernt man die Grundbedingungen des geregelten und verantworteten Zusammenlebens kennen, aber auch alle Schwierigkeiten, die dies bereitet. Die elementaren Bindemittel

---

19 Vgl. *Hentig*, Die Schule neu denken 205–221.

der Gemeinschaft sind die politischen Ordnungen. Die drei R der Schule als Lebens- und Erfahrungsraum sind:

Reviere

Man kann nicht Verantwortung für beliebig viel tragen. Zum Lernen der Verantwortung gehört die Begrenzung der Verantwortung; es werden geeignete Reviere gebildet.

Regeln

Die Schülerinnen und Schüler müssen sich Regeln geben, und zwar Regeln, die sie befolgen, weil sie sie selbst aufgestellt haben. Sie tun das, weil sie gemerkt haben, dass sie sie brauchen. Regeln sind nicht einfach schon da, haben nicht von sich aus Gültigkeit. Mit andern Worten: Man darf ihnen die Regeln nicht einfach vorgeben.

Rituale

Damit man das Leben nicht in jedem Augenblick neu moralisch schultern muss, gibt es Rituale, Formen des Umgangs, in die man von ganz alleine fällt, weil sie das Leben erleichtern. Sie beruhen auf Vereinbarungen: Man begrüsst sich, man sagt danke schön, im Unterricht redet man Hochdeutsch usw.

In der Schule als Gemeinschaft sollen Kinder und Jugendliche einen demokratischen Habitus erwerben, der dann über die Schule hinaus Bestand hat. Solche Wege schlägt heute die neue Demokratiepädagogik vor, um Schülerinnen und Schülern individuell, vor allem aber in Gruppen, Ziele demokratischer Handlungskompetenz näherzubringen. Bereits erreichte oder teilweise erreichte Etappen auf dem Gipfelweg sind:

– Der Klassenrat
– Konstruktive Konfliktbearbeitung (Streitschlichtung)
– Service Learning – Lernen durch Engagement

Schulen der Zukunft zeichnen sich durch ein Schulleben aus, das den Beteiligten Raum gibt für Verhandlungen und Vereinbarungen. Solches Lehren und Lernen geschieht durch Verantwortung und Beteiligung.

Perspektive 6: Die neue Schule ist eine lernende Organisation

Das Anliegen von geleiteten Schulen hat auch in Graubünden Gehör gefunden: Schätzungsweise ein Drittel aller Schulen sind bereits geleitete Schulen. Sie gleichen bislang eher bürokratischen Organisationen. Schule als lernende Institution heisst aber etwas anderes, nämlich sich zu einer Lerngemeinschaft entwickeln unter Vorzeichen wie:

- Schule als lernende Organisation handelt selbständig und eigenverantwortlich,
- zeichnet sich durch ein integratives, demokratisches Führungsmanagement aus.
- Sie kooperiert pädagogisch aktiv und herausfordernd mit ihrer Umgebung.
- Eine lernende Schule hat ein individuelles Profil, das als produktives Zusammenspiel von Ressourcen und Aufgaben aus einer langen, kontinuierlichen Entwicklungsarbeit resultiert.

Diese letzte Perspektive leitet über zu einem Seitenblick auf die Pädagogische Hochschule, die neue Lehrerbildungsstätte Graubündens.

Seitenblick auf die Lehrerbildung

Die Lehrerbildung im 21. Jahrhundert findet an Pädagogischen Hochschulen statt und ist die Antwort auf neue Entwicklungen und Herausforderungen in Kindergarten, Schule und Gesellschaft. Die alten Institutionen wurden zu Auslaufmodellen erklärt; neue – wenn auch fremdbestimmte – Hochschul-Strukturen sollen den Weg ebnen für eine wirksamere Ausbildung angehender Lehrpersonen aller Schulstufen.

Eine der zentralen Leitideen der Neuorientierung in der Lehrerbildung lautet: Professionalisierung durch Kompetenzentwicklung. Kompetenzentwicklung richtet einerseits den Blick auf die Komponente System, auf die Befähigung durch das Studium an einer Hochschule und damit auf ein Moment, das im Rahmen des Bologna-Prozesses allgemein bedeutsam ist. Andererseits lenkt die Kompetenzentwicklung den Fokus auf die Komponente Person und damit auf die Lernbereitschaft und die Entwicklung eines Berufs-Habitus bei angehenden Lehrpersonen. Mit anderen Worten: auf den Auf- und Ausbau von Konturen einer «Berufsidentität» in einer dafür anregenden Umgebung.

Die zentrale Aufgabe der Pädagogik, und damit sind alle in der Lehrerbildung Beteiligten angesprochen, muss darauf abzielen, beide Perspektiven gleichermassen zu berücksichtigen und die sich im Gange befindende Diskussion aufrechtzuerhalten und weiterzuverfolgen. Das stete Bemühen an einer Institution wie der Pädagogischen Hochschule um das Ausbalancieren und Weiterentwickeln dieser beiden Perspektiven bedeutet dann vielleicht «Heimat auf Zeit» für Studierende und Dozierende aller Alterskategorien.

Literatur

Beck, Ulrich: Risikogesellschaft. Auf dem Weg in eine andere Moderne, Frankfurt a. M. 1986 u. ö.

Brenner, Peter J.: Wie Schule funktioniert. Schüler, Lehrer, Eltern im Lernprozess, Stuttgart 2009.

Camartin, Iso: Nichts als Worte? Ein Plädoyer für Kleinsprachen, Zürich/München 1985.

Eickelpasch, Rolf/Rademacher, Claudia: Identität, Bielefeld 2004.

Erikson, Erik H.: Identität und Lebenszyklus. Drei Aufsätze, Frankfurt a. M. 1966 (zitierte Ausgabe 1973, [25]2011).

Fehr, Jacqueline: Schule mit Zukunft. Plädoyer für ein modernes Bildungswesen, Zürich 2009.

Giesecke, Hermann: Pädagogik – quo vadis? Ein Essay über Bildung im Kapitalismus, Weinheim/München 2009.

Hentig, Hartmut von: Die Schule neu denken. Eine Übung in praktischer Vernunft; eine zornige, aber nicht eifernde, eine radikale, aber nicht utopische Antwort auf Hoyerswerda und Mölln, Rostock und Solingen, München/Wien 1993 u. ö.

Keupp, Heiner u. a.: Identitätskonstruktionen. Das Patchwork der Identitäten in der Spätmoderne, Reinbek 1999.

Marquard, Odo: Skepsis in der Moderne. Philosophische Studien, Stuttgart 2007.

Mollenhauer, Klaus: Theorien zum Erziehungsprozess. Zur Einführung in erziehungswissenschaftliche Fragestellungen, München 1972.

Wanzenried, Peter: Unterrichten als Kunst. Bausteine zu einer ästhetisch-konstruktivistischen Didaktik, Zürich 2004.

Identität und christliche Lebenspraxis

Eva-Maria Faber

Je mehr sich die Einsicht aufdrängt, dass Identitätssuche eine nicht abschliessbare Aufgabe ist, desto mehr wächst die Herausforderung, auf vielfältige Weise zur lebenslangen Aufgabe der Identitätsfindung beizutragen. Damit tauchen neue Orte der Thematisierung von Identität auf. Wurde das Thema Identitätsfindung im Kontext theologischer Reflexion und christlicher Lebenspraxis klassischerweise im Bereich Religionspädagogik verortet, so ist heute auch ein starkes Augenmerk auf die Erwachsenenkatechese und -bildung zu richten. Im Weiteren müssen Theorie und Praxis von Seelsorgegespräch und geistlicher Begleitung beachtet werden. Darüber hinaus dürfte sich eine exklusive Orientierung an der Frage, wie man anderen in der Identitätssuche helfen kann, verbieten. Zu thematisieren ist, wie Identitätsarbeit das Alltagsgeschäft einer jeden Person ist.

Deswegen wird in dem hier vorgelegten Beitrag das Thema Identität aus spiritualitätstheologischer Perspektive beleuchtet. Christliche Vorstellungen von einer im Glauben gewonnenen Identität sollen im Licht der Spannung zwischen einem Kohärenz und Kontinuität betonenden Identitätsbegriff einerseits und Herausforderungen zu pluralen Identitätskonzeptionen andererseits betrachtet werden. Ziel ist es, die Pluralitätsoffenheit eines spirituellen Konzeptes von Identität, nicht zuletzt der damit verbundenen Ganzheitsideale, auszuloten (1). Nach dieser eher theoretischen Auseinandersetzung ist in mehr praktischer Absicht zu erschliessen, wie das Anliegen christlicher Lebenspraxis durch neue Problemlagen der Identitätsarbeit herausgefordert ist und welche Ressourcen der christliche Glaube für eine gelingende Ausbildung differenzierter Identität bereithält (2).

1 Spirituelle Ganzheitsideale vor dem Hintergrund dekonstruktivistischer Identitätsdiskurse

1.1 Identität und Ganzheit

Beginnen wir mit einer Vergewisserung über das Identitätsthema und seiner Nähe zu spirituellen Idealen, wie sie in christlicher Perspektive formuliert werden. Schlagwortartig gefasst: Sind Identitätsideale und spirituelle Ganzheitsideale miteinander vergleichbar?

Mit dem Begriff der Identität wird die Selbigkeit eines Menschen in der eigenen, wechselhaften Lebensgeschichte thematisiert. Es geht darum, dass jemand nicht nur von aussen als der- oder dieselbe wahrgenommen wird, sondern sich auch selbst als stimmig und (trotz allen Entwicklungen und wechselnden Umständen) «einheitlich» zu verstehen und das eigene Leben entsprechend zu gestalten vermag. Um das Ziel von Identitätsarbeit zu kennzeichnen, rekurrieren klassische Identitätstheorien wie die von Erik H. Erikson auf Begriffe wie Kontinuität und Kohärenz. So bestimmt Heiner Keupp als Ziel von Identitätsarbeit «die Schaffung von Lebenskohärenz».[1]

Kohärenz und Kontinuität sind in christlicher Perspektive – wenn auch meist in anderen Begrifflichkeiten versprachlicht – zentrale Themen der religiösen Identität. Vom christlichen Glauben wird erwartet, dass er als Beziehungsangebot mit sinnstiftendem Potenzial dem Leben Ziel und Richtung, damit aber auch Geradlinigkeit und Stimmigkeit gibt. Diesem Indikativ des Glaubens als Ressource einer kohärenten Identität entsprechen Imperative: Einladungen und Appelle an die Glaubenden, das eigene Leben in all seinen Facetten vom Glauben prägen zu lassen. «Geh einher vor meinem Antlitz! Sei ganz!» Diese Einladung aus Gen 17,1 in der Übersetzung durch Martin Buber zählt Johannes Bours zu jenen Worten, «in denen das Ganze des menschlichen Daseins vor Gott in einer bildhaften Aussage […] gesammelt ist»[2]. Nicht zufällig dürfte sowohl in dem Bibelwort als auch in dessen Bewertung der Begriff des «Ganzen» prominent auftauchen. Spirituelle Lebenspraxis zielt auf «Ganzheit» als wesentliches Merkmal von Heil (*whole*) und als Ideal für das

---

1 *Keupp*, Ringen, in diesem Band 32. Siehe bei *Erik H. Erikson* z. B.: Identität 18.107. Gemäss *Henrich*, Leben 21 f., bildet sich personale Identität auf der Basis eines Wissens von sich selbst heraus und zielt darauf, «Eigenständigkeit in der Beziehung auf die Welt und in der Mit-Welt zu gewinnen und kraft ihrer Kontinuität in einer Lebensweise zu erreichen».

2 *Bours*, Mensch 195.

christliche Leben. Das Christsein soll nicht lediglich einen einzelnen Sektor des Lebens prägen, etwa indem diverse Frömmigkeitsübungen verrichtet werden. Gegen eine Aufspaltung der Wirklichkeit in Sakrales und Profanes zielen Einübungen in Spiritualität darauf, immer mehr das ganze Leben vom Geist Jesu Christi erfüllen zu lassen. In diesem für die neuere Spiritualitätstheologie charakteristischen Ansatz mag sich die Erfahrung der Segmentierung der Gesellschaft bereits widerspiegeln. Ihr wird begegnet durch das Postulat, dass sich eine christliche Lebenshaltung nicht auf ein Segment reduzieren lässt. Diesem Streben nach umgreifenden «ganzheitlichen» Lebenseinstellungen entspricht in der spirituellen Tradition das vergleichbare Anliegen des ungeteilten Herzens, mit dem eine Ganzhingabe vollzogen werden soll. Das Gerufensein in die radikale, ungeteilte Nachfolge gehört zum Kern christlichen Selbstverständnisses.

Damit zeigt sich nicht nur eine Konvergenz zwischen allgemein menschlichen Identitätskonzepten und dem Ideal christlicher Spiritualität, sondern auch ein Ineinandergreifen von «religiöser Identität» und «menschlicher Identität». Religiöse Identität ist dem Anspruch nach nicht etwas Zusätzliches zur sonstigen menschlichen Identität, sondern deren konkrete Ausprägung. Wenn der christliche Glaube ernsthaft ergriffen wird, vermag er das Leben in einer Sinnmitte zusammenzuhalten und so jene Kohärenz und Kontinuität zu stiften, die mit dem Begriff der Identität benannt wird.

Stellt somit das spirituelle Ganzheitsideal gewissermassen eine religiöse Verstärkung eines bestimmten Identitätsideals dar, so konvergieren auch die Einsichten, dass das Ideal der Identität und der spirituellen Ganzheit sich jeweils nur über einen Prozess erreichen lässt.

Das neutestamentliche Nachfolgeideal der Jünger, die den Evangelien zufolge «sofort» «alles» verliessen und Jesus nachfolgten, ist offenkundig eine idealtypische Sicht, die (schon in den Evangelien) für die konkrete Realisierung zu differenzieren ist. Steht am Anfang des Bemühens um Spiritualität eine unbefangene und vielleicht etwas naive Zuversicht, religiöse Ideale per Entschlusskraft realisieren zu können, so verlieren sich im Laufe der Zeit die Illusionen über die Ganzheitlichkeit der eigenen Nachfolge. Wer meinte, alles losgelassen zu haben, findet sich nach einiger Zeit mit ziemlich vielen, vielleicht sogar neuen, und dann noch fromm ummantelten Anhänglichkeiten wieder. Es stellt sich grösserer Realismus über die eigene Gebrochenheit ein. Nicht umsonst sind bei institutionell gestalteten christlichen Lebensformen Einübungswege unumgehbar vorgesehen. Sie reduzieren nicht die postulierte Ganzheitlichkeit auf Halbherzigkeit, wohl aber fordern sie zu Selbstprüfung heraus und tragen der Einsicht Rechnung, dass Menschen nicht direkt über ihre Identität verfügen und ihren Lebensweg deswegen nicht durch einen blossen Entschluss bestimmen können. Weil es Phasen der Einübung, des Hineinwachsens in eine Entscheidung braucht, wird kein Postulant, und sei er noch so eifrig (und gerade wenn er noch so eifrig ist) sofort zu ewigen Gelübden zugelassen.

Vielleicht sogar stärker als in der Identitätstheorie Eriksons ist in spiritualitätstheologischer Sicht für die religiöse Identität reflektiert worden, dass die eigene Lebensausrichtung auch dann, wenn sie grundsätzlich ein für alle Mal gewählt ist, doch lebenslang angepasst und gestaltet werden muss. Darauf wird später noch zurückzukommen sein. Die Einsicht, dass die Integration vielfältiger Lebensbezüge in die religiöse Orientierung Gegenstand eines lebenslangen Bemühens sein muss, war und ist im Kontext spiritueller Nachfolgeideale gewissermassen Frucht von unausweichlichen Erfahrungen. Das klassische Thema der zweiten Bekehrung/Entscheidung[3] lässt erkennen, wie einschneidend Umbrüche und Brüche nach der Adoleszenz bereits in traditionellen spirituellen Entwürfen in den Blick kamen. Insofern religiöse Identität alle Lebensbereiche betrifft, liegt spiritualitätstheologisch der anspruchsvolle Charakter von Identitätsarbeit auf der Hand.

Darüber hinaus melden sich gegenüber Idealvorstellungen spiritueller Ganzheit gnadentheologische und speziell rechtfertigungstheologische Bedenken. Mit Blick auf die kreatürliche Begrenztheit und Sünde wie auch auf die Angefochtenheit christlicher Existenz müssen aus christlicher Perspektive Identitätsideale zurückgewiesen werden, die der geschichtlichen Situation des Menschen nicht entsprechen. In diesem Sinne hat sich der evangelische Theologe Henning Luther in der grundsätzlichen Identitätsdiskussion zu Wort gemeldet, um gegen ein Identitätskonzept einzutreten, «das Identität als herstellbare und erreichbare versteht und das für Identität Kriterien wie Einheitlichkeit, Ganzheit und dauerhafte Kontinuität konstitutiv macht». Er bringt demgegenüber «Momente des Nicht-ganz-Seins, des Unvollständig-Bleibens, des Abgebrochenen – kurz: Momente des Fragments zur Geltung».[4] Luther beruft sich in seinem Votum dezidiert auf theologische Gründe: «Das eigentümlich Christliche scheint mir nun darin zu liegen, davor zu bewahren, die prinzipielle Fragmentarität von Ich-Identität zu leugnen oder zu verdrängen.

---

3 *Eckmann*, Entscheidung.
4 *Luther*, Religion 159.

Glauben hiesse dann, als Fragment zu leben und leben zu können.»[5] In der Konsequenz postuliert Luther einen lediglich kritisch-regulativen, nicht aber normativen Gebrauch des Identitätskonzeptes. «Meine These ist die, dass die in sich geschlossene und dauerhafte Ich-Identität theologisch nicht als erreichbares Ziel gedacht werden kann – und darf.»[6]

Vor dem Hintergrund solcher schon binnenchristlich angezeigten Differenzierungen erscheint es lohnenswert, aus spiritualitätstheologischer Perspektive noch grundsätzlicher in die gegenwärtige Identitätsdebatte einzutreten. Diese hinterfragt nicht nur, ob und wie umfassend eine stabile Identität erreicht werden kann, sondern ob dies überhaupt wünschenswert ist. Nach dem eben Gesagten müssen solche Infragestellungen nicht von vornherein als destruktiv abgewiesen werden. Sie sollen deswegen im Folgenden auch an das spirituelle Ganzheitsideal herangebracht werden, nicht um spirituelle Zielvorstellungen der Ganzheit zu zerstören, wohl aber um sie zu vertiefen. Es gilt, eine gereifte positive Vorstellung von Ganzheit z.u entwickeln. Es braucht am Ende eine «zweite Naivität» im Umgang mit dem Ruf zur ganzen Nachfolge, eine gereifte Sehnsucht nach Ganzheit.

1.2 Dekonstruktion von Identitätsidealen

Die gegenwärtige Identitätsdebatte vollzieht sich auf verschiedenen Ebenen.

Auf der einen Ebene geht es um die Auswertung empirischer Befunde, denen zufolge (a) Lebensmodelle heute weniger abgeschlossen sind, also nicht einmal Teilidentitäten normiert vorgegeben sind (z.B. sind die Rollen im Familienkontext nicht vordefiniert, sondern müssen ausgehandelt werden), (b) in einer Identität vermehrt unterschiedliche Lebensmöglichkeiten integriert werden müssen (z.B. lösen verschiedene Formen der Berufstätigkeit einander ab, statt dass ein einziger Beruf das ganze Leben prägt) und (c) wegen der Verschiedenartigkeit der plural verfassten Situationen dem Einzelnen weniger Vorbilder für die Bildung der eigenen Identität zur Verfügung stehen, die eigene Identität also nicht an exemplarischen Identitätsmustern orientiert werden kann. Dieser empirische Befund lässt sich als solcher nicht bestreiten; unterschiedlich eingeschätzt wird, ob er für die Identitätsbildung als Gefahr oder als Chance zu bewerten ist.

---

5 A. a. O. 172.
6 A. a. O. 165; vgl. a. a. O. 155 f.

Auf einer anderen Ebene stellt sich die Frage, ob die faktisch schwierigere Identitätsarbeit gleichwohl mit einer stabilen Identität – mit Kohärenz des Lebens – beantwortet oder ob das Ideal der Identität als solches verabschiedet werden sollte. In dieser Diskussion muss jeweils genau hingeschaut werden, ob eine Differenzierung des Ideals der Kohärenz (von einem eher monolithischen zu einem eher pluralen Verständnis) oder wirklich dessen Verabschiedung intendiert ist. Lassen wir an dieser Stelle einige Anfragen an das Ideal Revue passieren.

Integration des ganzen Lebens in eine einzige Ausrichtung steht unter dem Verdacht, totalitäre Züge zu haben. Auf pointierte Weise hat der Philosoph Odo Marquard dies in religiösen Kategorien ausgedrückt:

> «Gefährlich ist immer und mindestens der Monomythos; ungefährlich hingegen sind die Polymythen. Man muss viele Mythen – viele Geschichten – haben dürfen, darauf kommt es an; wer – zusammen mit allen anderen Menschen – nur einen Mythos – nur eine einzige Geschichte – hat und haben darf, ist schlimm dran. Darum eben gilt: Bekömmlich ist Polymythie, schädlich ist Monomythie.»[7]

Als schädlich bewertet Marquard gerade das, was christlich als Ganzhingabe an den einen Gott positiv konnotiert ist. In der umfassenden Inbeschlagnahme durch einen einzigen religiösen Bezug sieht er die individuelle Freiheit des Menschen beeinträchtigt.

> «Solange – im Polytheismus – viele Götter mächtig waren, hatte der einzelne […] ohne viel Aufhebens seinen Spielraum dadurch, dass er jedem Gott gegenüber immer gerade durch den Dienst für einen anderen entschuldigt und somit temperiert unerreichbar sein konnte: Es braucht ein gewisses Mass an Schlamperei, die durch die Kollision der regierenden Gewalten entsteht, um diesen Freiraum zu haben.»[8]

Steckt hinter dieser Diagnose noch mindestens eine Prise humorvoller Ironie, so wird von Theodor W. Adorno (1969) mit grösserem Ernst das «Ende des Identitätszwanges» postuliert, um ein – nicht nur im religiösen Bereich – falsches und verhängnisvolles Ideal zu dekonstruieren: «Furchtbares hat die Menschheit sich antun müssen, bis das Selbst, der identische, zweckgerichtete, männliche Charakter des Menschen geschaffen war.»[9] Im Sinne Adornos

---

7 *Marquard*, Lob 159.
8 A. a. O. 166 f.
9 *Horkheimer/Adorno*, Dialektik 50.

sieht Heiner Keupp «in den Ruinen des modernen Identitätsideals» das entstehen, was Adorno von der Politik erhoffte: die Chance, «ohne Angst verschieden sein zu können»[10].

Nicht zufällig sind Literaten Vorreiter beim Ausloten der «Fiktionen, die [... einer] Person möglich sind». So kommentiert Max Frisch seinen für die Pluralisierung einer Lebensgeschichte charakteristischen Roman «Mein Name sei Gantenbein»:

> «Die Person ist eine Summe von verschiedenen Möglichkeiten, meine ich, eine nicht unbeschränkte Summe, aber eine Summe, die über die Biographie hinausgeht. Erst die Varianten zeigen eine Konstante.»[11]

Pluralität wird als Befreiung von den Zwängen falscher Einheits- und Ganzheitsvorstellungen begrüsst. Dies hat Konsequenzen für Identitätsmodelle. Nicht mehr die Entwicklung einer wohldefinierten Identität gilt notwendig als gesund, sondern ggf. eher das Identitätskonzept von Personen, die sich flexibel an unterschiedliche Verhältnisse anpassen. Dies scheint überdies zu einer erfolgreichen Lebensstrategie zu gehören: Der überlebenstüchtige Mensch heute pflegt Vielfalt und hält sich auf kluge Weise Optionen offen.[12] In dieser Richtung siedeln sich Positionen an, die das Postulat einer Identität als solcher als geradezu obsolet erscheinen lassen.

Selbst wer eine solche geschmeidige Lebensphilosophie nicht in allen Konsequenzen bejahen mag, kann anerkennen, dass der Zugewinn individueller Gestaltungsspielräume eine positive Errungenschaft ist. Zu Recht begrüsst Heiner Keupp die Überwindung des Eindeutigkeitszwangs und die Ermöglichung neugieriger Exploration von weiteren Realitätsschichten, wodurch zeitgenössischen Identitätsmustern «ein bedeutsames Potenzial für eine kritische Eigenständigkeit»[13] erwächst. Bei genauem Hinsehen leistet diese neue Situation nicht von vornherein der Beliebigkeit und Unverbindlichkeit Vor-

---

10 *Keupp*, Identitätskonstruktionen 17, mit Bezug auf *Adorno*, Minima Moralia 116: Die Politik sollte «den besseren Zustand aber denken als den, in dem man ohne Angst verschieden sein kann».

11 *Frisch*, Leser 325.327.

12 Vgl. *Keupp*, Ermutigung 211 f.

13 Vgl. ebd. 67 f. Siehe *Keupp*, Ringen, in diesem Band 13: «Es geht heute um die Überwindung von ‹Identitätszwängen› und die Anerkennung der Möglichkeit, sich in normativ nicht vordefinierten Identitätsräumen eine eigene ergebnisoffene und bewegliche authentische Identitätskonstruktion zu schaffen.»

schub, sondern wird mit umso anspruchsvollerer Identitätsarbeit und Integrationsleistung beantwortet. Keupp würdigt die Fähigkeit zu eigenwilliger Verknüpfung und Kombination multipler Realitäten unter der Voraussetzung von «Ambiguitätstoleranz», d. h. der Fähigkeit, sich auf Menschen und Situationen offen einzulassen.

Kehrseite der neuen Freiheiten bei der Identitätskonstruktion ist das damit einhergehende Risiko des Scheiterns. Letztlich kommt zum Vorschein, dass die Personen, denen eine vermehrte eigene kreative Identitätsarbeit, eine «selbstbestimmte ‹Politik der Lebensführung›»[14] zugemutet wird, letztlich schon «starke Persönlichkeiten» mit Rückgrat, ausgeprägten Fähigkeiten zur Identitätskonstruktion und den nötigen Ressourcen dafür sein müssen. Menschen können sich nicht mehr auf vorgegebene Identitätsmuster abstützen, sondern stehen einer Pluralität von möglichen Identitätsfacetten gegenüber. Ein starkes Subjekt, das kreativ mit verschiedenen Lebensmöglichkeiten jongliert, wäre die positive Antwort auf dieses Phänomen, dessen Schattenseite die Überforderung von Subjekten angesichts der Vielfalt eigener Lebensmöglichkeiten ist. Die Einschätzungen, wann der pathologische Befund einer Identitätsdiffusion vorliegt, haben sich heute zwar verschoben.[15] Gleichwohl ist Kohärenz ein bleibendes Postulat und ist ein diesbezügliches Defizit dem Bereich psychischer Störung zuzuweisen. Gerade im Kontext der hier verfolgten Fragestellung ist es indes ebenso wichtig, auf das gegenteilige Problem des *foreclosure* hinzuweisen. Der Überforderung durch Identitätsarbeit wird hier durch das voreilige und unreflektierte Wählen einer schablonenhaften Identität begegnet, so dass der Prozess der Ausbildung von Identität frühzeitig abgebrochen wird. «Der Status des Foreclusure umfasst Personen, die feste, zuweilen rigide Vorstellungen haben, die sie ohne explorative, krisenhafte Phase entwickelt bzw. in der Regel von den Eltern übernommen haben. Man könnte auch davon sprechen, dass die Person das elterliche ‹Identitätserbe› unreflektiert und widerspruchslos übernimmt.»[16]

Vor diesem Hintergrund sind christliche Identitätsideale bzw. die bereits genannten spirituellen Ganzheitsideale neu zu bedenken.

---

14 *Keupp*, Ringen, in diesem Band 31.
15 Vgl. *Keupp*, Identitätskonstruktionen 81 f.; *ders.*, Ermutigung 69–79.
16 *Keupp*, Identitätskonstruktionen 80 f.

1.3 Differenzierte christliche Ganzheitsideale

Die religiöse Identitätsbildung bleibt von den gesamtgesellschaftlichen Umbrüchen nicht unberührt und hat an der Veränderung von Identitätsmodellen teil. Um die Offenheit christlicher Identitätskonzepte für solche Entwicklungen zu reflektieren, sind die bereits anfangs (1.1.) eingebrachten ersten Differenzierungen spiritueller Ganzheitsideale an dieser Stelle weiter zu vertiefen. Es gilt zuerst zu vermerken, dass religiöse Identitätsmuster in gewisser Hinsicht schon früher individuell gewählt bzw. sogar individuell angepasst wurden. Die Enttraditionalisierung von Religion überhaupt hat verallgemeinert, was auch früher schon für «elitäre» Berufungswege galt. Zeitgenössisch lassen sich zudem subtile Modifikationen der Ganzheitsideale feststellen. Ein Vorbehalt gegenüber «totalitären» Beschreibungen macht sich auch in spiritualitätstheologischer Sicht bemerkbar (1.3.1). Diese Beobachtungen münden nochmals in die grundsätzlichere Erwägung, welches Mass an Pluralität möglich ist, ohne dass Identität als solche verloren geht. Dies hängt mit der Frage zusammen, wie sich Identität zu diversen Facetten menschlichen Lebens – verschiedenen Rollen, Zugehörigkeiten, Optionen – verhält (1.3.2).

1.3.1 Individualisierte und plurale Gestaltung christlicher Lebensformen

Mit gutem Grund lassen sich moderne Individualisierungsschübe auf christliche Wurzeln zurückführen. Christliches Gedankengut hat den Wert des Individuums gefördert und die Aufmerksamkeit für das Subjekt geschärft.[17] Die Überzeugung, dass jeder und jede Glaubende in unableitbarer Weise von Gott zu einem persönlichen Lebensweg berufen ist, hat (zusammen mit der Gewissensthematik) unübersehbar individualisierende Wirkungen.[18] In unserem Kontext ist bedeutsam, dass das Christentum vorgeprägte Identitätsmuster hervorgebracht, dabei aber gleichzeitig die Freiheit des Individuums, sich für solche Modelle zu entscheiden, ins Licht gehoben hat. Dies galt früher weniger für die grundlegende christliche Identität der Getauften und die entsprechend erwartete kirchlich normierte Lebensgestalt, wohl aber für spezielle Lebensformen, die die Spiritualitätsgeschichte mit den verschiedenen Ordenstraditionen hervorgebracht hatte. An diesen konturierten Lebensformen lässt

---

17 Vgl. zusammenfassend *Müller*, Glauben 200–207.
18 Vgl. *Ruhstorfer*, Prinzip 53–76.392.

sich gut ablesen, wie Identitätsmuster im christlichen Bereich einer individualisierten und pluralen Rezeption begegnen.

Das beginnt zunächst mit der persönlichen Entscheidung für bestimmte Berufungswege. Zwar präsentieren sich bestimmte Lebensformen als Gefässe für individuelle Nachfolgewege, weil sie sich bewährt haben und sich deswegen zur Nachahmung empfehlen. Vom Grundgedanken christlicher Existenz jedoch war in Sachen Berufung prinzipiell (!) immer deutlich, dass es in der Verantwortung jedes Einzelnen liegt zu prüfen, welche Form der eigenen Berufung entspricht. Diese Art von Lebensidealen wird gewählt.

Aufschlussreich dafür, wie das Moment der persönlichen Wahl sich christlich gegen andersgeartete Tendenzen durchsetzt, ist die Spannung zwischen der Annahme einer gewissen Rangordnung kirchlicher Berufungswege und der dazu gegenläufigen Auffassung, dass die Wahl des eigenen Berufungsweges am Ruf Gottes orientiert sein und deswegen individuell entschieden werden muss. In objektivistischen Wertungen von Berufungswegen erhalten bestimmte Identitätsideale einen geradezu normativen Charakter. Nur unter Schwierigkeiten konnten sich die mehr aktiven Orden Spielräume gegenüber kontemplativen Idealen verschaffen. Bis heute lässt sich eine Rangordnung zwischen kontemplativen und aktiven Orden daran ablesen, dass ein Übertritt von einem aktiven zu einem kontemplativen Orden juristisch einfacher zu bewerkstelligen ist als umgekehrt. Lediglich erwähnt sei die traditionelle Höherbewertung der «besonderen» Berufungen (Priestertum, Ordensleben, Ehelosigkeit) gegenüber dem «gewöhnlichen» Christsein. Solche objektiven Rangordnungen reiben sich indes mit der christlichen Überzeugung von der persönlichen Berufung, die sich aus dem Willen Gottes ableitet. Um dieses persönlichen Rufes willen darf in den Exerzitien des Ignatius von Loyola der Begleiter bzw. die Begleiterin von Exerzitien in den Impulsen nicht den gängigen Einschätzungen von Berufungswegen folgen, sondern hat die Aufgabe, die Offenheit des Exerzitanden für Gottes Willen zu fördern (EB Nr. 15). Aus demselben Grund gilt es in den Exerzitien, allein am Ziel menschlichen Lebens, «dass ich mit dem Lob Gottes heil werde», orientiert zu sein und gegenüber konkreten Wegen zu diesem Ziel solange indifferent zu bleiben, als nicht erkannt ist, dass es die für die eigene Person geeignete Weise ist (EB Nr. 179).

In der Praxis sind die zu wählenden Identitätsmuster zugegebenermassen nicht selten eher engmaschig gewesen. Es handelte sich oftmals gewissermassen um «Gesamtpakete», mit denen die eigene Biografie und Lebensgestalt umfassend definiert war. Andererseits lassen sich in der Spiritualitätsgeschichte durchaus Phänomene einer individualisierten Gestaltung von Lebenswegen erkennen. Die vorgegebenen Identitätsmuster wurden immer wieder nicht als Schablone ergriffen, sondern individuell angepasst. In diesem Rahmen ergab sich Raum für eine Pluralität, die durchaus über das in der Gesellschaft Mögliche hinausging und eher auf spätere Zeiten vorauswies. Evident ist dies im Bereich der Frauenorden, die für Frauen Entfaltungsmöglichkeiten boten, wie sie ihnen sonst kaum offenstanden. Als ein Extremfall kann hier sogar jenseits von Ordenszugehörigkeiten Jeanne d'Arc gelten. Sie berief sich für ihre eigenwilligen Wege auf die ihr erteilte Weisung, sich gut zu regieren (*soi bien gouverner*), was vielleicht in die Richtung von «selbstbestimmt leben» zu deuten ist.[19] Nicht selten wechselten – mit Einverständnis des Abtes und der Gemeinschaft und in bleibender Nähe und Abhängigkeit von ihrem bisherigen Kloster – einzelne Mönche von der koinobitischen zur eremitischen Lebensform, um dem zu folgen, was sie als ihre persönliche Berufung erkannten.[20] In diesem Kontext wurden somit «zweite Entscheidungen» zugelassen, bei denen es zu einer echten Revision der ersten Entscheidung kam. Grundsätzlich war und ist Ordensexistenz nicht selten eine Herausforderung an einzelne Glieder, in sehr unterschiedlichen Aufgaben eingesetzt zu werden und so im eigenen Leben in pluraler Weise herausgefordert zu sein. Besonders augenscheinlich ist dies bei Angehörigen von Missionsorden, die sich ggf. sogar mehrmals auf ein Leben in anderen Kulturen einstellen mussten.

Weitere Differenzierungen werden von gegenwärtigen spiritualitätstheologischen Einsichten her in christliche Identitätsmodelle eingetragen und betreffen das qualitative Verständnis der in Berufungswegen angestrebten Ganzheit.

Im zeitgenössischen Empfinden werden einlinige Vorstellungen von «totalem» Einsatz in der Regel von vornherein skeptisch angeschaut. Weder der Arzt oder die Managerin, die alles in ihren Beruf geben, noch die Mutter, die sich völlig für ihre Familie opfert, sind heute uneingeschränkt gutgeheissene Radikalitäten. Arzt und Managerin mögen noch immer erfolgreich sein (und noch immer gibt es faktisch in verschiedensten Bereichen «Totalansprüche» beruflicher Art), doch das typische Ideal ist mindestens durch die typische Kehrseite eines Vernachlässigens von Menschsein und Familie gebrochen. Ähnliches gilt für das Bild der sich aufopfernden Mutter, deren Engagement in seiner Konsequenz für sie selbst wie auch für die Familie als eher ungesund

---

19 Vgl. *Thomas*, Jeanne d'Arc 100.
20 Vgl. *Frank*, Einsiedler 559.

bewertet wird. Einlinige Identitäten überzeugen nicht. Prominente Personen müssen sich bei Steckbriefen nach Hobbies befragen lassen. Würde dort Fehlanzeige gegeben oder darauf hingewiesen, dass dafür leider keine Zeit mehr bleibt, so käme dies gar nicht gut an.

Ähnliches gilt für den Bereich christlicher Lebenspraxis. Überlastungsklagen sind unter Seelsorgenden gängig, gelten jedoch nicht als Zeichen heiligmässiger Ganzhingabe, sondern verstehen sich als Problemanzeigen. Burnout-Syndrome sind ein Warnschild vor falschen Idealen totaler Verfügbarkeit. Spirituelle Anleitungen zur Lebenskultur von Seelsorgenden mahnen dazu, Ausgleich zu beruflichen Belastungen zu pflegen. Radikales Engagement und ein gut ausbalanciertes Leben schliessen einander gemäss Konzepten der Salutogenese nicht aus, sondern ein.[21] Demnach sollte Ganzhingabe nicht an den vielfältigen Facetten (Bedürfnissen und positiven Möglichkeiten) menschlichen Lebens vorbei bzw. über sie hinweg geschehen, sondern diese integrieren.

Weitere Verschiebungen lassen sich wiederum im Bereich der Ordensspiritualität ablesen. Hiess Ganzhingabe hier früher – idealtypisch und pointiert formuliert –, die bisherige Identität zurückzulassen und eine (im umfassenden Sinn) neue Identität zu übernehmen, so bedeutet der Eintritt in einen Orden zwar immer noch eine radikale Neuorientierung, aber nicht mehr im gleichen Ausmass einen «Schnitt». In vielen Orden ist ein Namenswechsel nicht mehr zwingend. Theologisch wird damit der Einsicht Rechnung getragen, dass das Ordensleben auf dem aufbaut, was die Taufe grundgelegt hat. Gnadentheologisch wird stärker berücksichtigt, dass die Gnade die Natur voraussetzt und diese braucht, um vollendend wirken zu können. So wird grösserer Wert darauf gelegt, die vor dem Ordenseintritt entdeckten und gepflegten natürlichen und charismatischen Begabungen zu fördern. Selbst vorhandene berufliche Engagements werden gelegentlich nicht schlechthin abgeschnitten, sondern in begrenztem Mass aufrechterhalten. Ganzheit wird nicht durch Reduktion angestrebt, sondern den Subjekten zugetraut. Von den betreffenden Personen, die ja oft in nicht mehr ganz jungen Jahren in einen Orden eintreten, verlangt dies ein hohes Mass an Fähigkeit, unterschiedliche Rollen, Lebensbereiche und Lebensphasen zu integrieren.

Dass die bisher gewählten Beispiele vornehmlich aus dem Bereich traditioneller Lebensformen stammten, ist symptomatisch. Es zeigt, wie schwierig es ist, gelebte christliche Spiritualität ausserhalb konturierter Berufungswege in den Blick zu bekommen. Die in diesem Bereich zu vermutende, noch weiter-

---

21 Vgl. *Jacobs*, Priester; *Brantzen*, Lebenskultur.

gehende Pluralisierung ist kaum noch zu fassen. Am Beispiel der klassischen Berufungswege sollte aufgewiesen werden, dass solche Individualisierung und Pluralisierung christlicher Spiritualität sogar in ihren konturierten und anerkannten Ausprägungen nicht fremd ist. Im heutigen Kontext neu ist nicht, dass im religiösen Bereich Lebensmodelle zur Wahl stehen und individuell angepasst und plural gestaltet werden, sondern dass der individualisierte Umgang sich auf die allgemeine religiöse Identität bezieht. In der heutigen Gesellschaft kann man wählen, ob man Christ und Christin sein will, und die Christen übernehmen nicht ein kirchlich definiertes grundlegendes Set von Einstellungen und Handlungsweisen, sondern wählen aus dem Repertoire christlicher Traditionen aus und suchen ihre eigenen Vermittlungen zwischen kirchlichem Glauben und Gegenwartskultur. Darüber hinaus bestimmen sie selbst, in welchem Ausmass ihre religiöse Einstellung identitätsprägend ist. Diese Wahrnehmungen religionssoziologischer Forschung sind bekannt und müssen hier nicht referiert werden. Denn vordringlich ist nun die Frage, welches Mass an Pluralisierung mit einer christlichen Identität vereinbar ist. Wie facettenreich kann eine Biografie sein, ohne «charakterlos» zu werden? Wie viel Verbindlichkeit braucht es, was bedeutet Selbstbindung? Wie viele «zweite Entscheidungen» verträgt es?

1.3.2 Zum Verhältnis von Identität und pluralen Lebensfacetten

Bei der Frage, wie weitgehend eine religiöse Identität multiplen Charakter annehmen könnte, wird das Schlüsselproblem der Identitätsdebatte überhaupt virulent. Wie lassen sich Pluralität und Kohärenz so ausbalancieren, dass die positiv zu wertende Freisetzung zwar bestimmte rigide Identitätsvorstellungen korrigiert, nicht aber Identität als solche torpediert? Wie bzw. in welchem Mass kann ein Mensch verschiedene Engagements und Lebensstile miteinander kombinieren, ohne darüber seine Identität zu verlieren? Eine spezielle Variante dieser Problemstellung ist die Frage, welche Pluralität mit einer christlichen Identität vereinbar ist.

Die Antwort auf diese Fragen entscheidet sich an der Auffassung darüber, wie eng die Lebensformen und -inhalte, die ein Mensch konkret-geschichtlich ergreift, mit dem verbunden sind, was als seine Identität zu bezeichnen ist.

Dass eine Unterscheidung der Identität von verschiedenen Lebensfacetten, konkret z. B. von unterschiedlichen Rollen, unabdingbar ist, liegt phänomenologisch auf der Hand. Wohl jeder Mensch ist unvermeidlich in ein gewisses Set von Rollen und Zugehörigkeiten hineingestellt. Mehr noch: Dies ist Voraussetzung und Kennzeichen einer gesunden Existenz. Je stärker sich jemand ganz wörtlich mit einer bestimmten Sache «identifizieren», seine Identität an eine bestimmte Rolle binden würde, etwa an seine Arbeit, desto weniger wären damit andere Rollen vereinbar. Eine bestimmte Konkretion nähme tendenziell (wohl nie total) exklusiven Charakter an. Die Beobachtung, wie einschneidend und geradezu bedrohlich gelegentlich der Verlust einer bestimmten Rolle (z. B. der Verlust der Arbeit) empfunden wurde und wird, zeigt auch, dass eine derart enge Bindung der eigenen Identität an einen eng umrissenen Lebensinhalt als eher problematisch zu bewerten ist. Christlich gesehen verbietet sich eine Totalidentifikation jeder Art.[22]

Identität leistet die Integration von verschiedenartigen Lebensfacetten gerade in Differenz zu diesen. Der Einheitspunkt, der die verschiedenen Momente einer Lebensgeschichte zusammenbindet, liegt nicht selbst auf der Ebene des Zusammengebundenen, also der verschiedenen Lebensinhalte, sondern liegt auf einer anderen Ebene «dahinter», nämlich bei dem, was man «Subjekt» oder «Ich»(-Identität) nennen kann.

Identität ist dabei nicht bloss die Summe verschiedener Rollen, sondern hängt konstitutiv an einem Für-sich-Sein des menschlichen Subjektes, das «notwendig auf eine Selbstbeschreibung, also auf ein Selbstbild ausgreift. Ohne eine solche Selbstbeschreibung würde es nur eine faktische, aber keine im Verstehen begründete Kontinuität ausbilden können.»[23] Ein souveräner Umgang mit verschiedenen Handlungsmöglichkeiten wäre anders nicht möglich.

Identitätstheoretisch gesehen besteht somit einerseits eine konstitutive *Differenz* zwischen Identität und den verschiedenen Lebenssegmenten. Sie tritt in einem Kontext stärker plural verfasster Identitäten nur deutlicher hervor, weil die Kohärenz der «Patchwork-Identität» unübersehbar nicht im «patch», im blossen Flicken, liegt, sondern von woanders her geleistet werden muss.

Andererseits ist trotz aller Unterscheidung der Identität von den partikulären Identitätsfacetten ihre *Zusammengehörigkeit* nicht überspringbar, weil sich die verschiedenen Lebensfacetten nicht wie ein blosses Nebeneinander verhalten, sondern vernetzt und mit dem Subjekt der Verknüpfung verbunden sind. Die sozialen Rollen und Zugehörigkeiten bleiben der Identität eines Menschen nicht bloss äusserlich. Identität ist nicht ein absoluter Ausgangspunkt, sondern selbst durch vorgegebene und gewählte Verortungen vermittelt. Inso-

---

22 Vgl. die bekannte Kritik Joseph Ratzingers an der Totalidentifikation mit der konkret-geschichtlich vorgefundenen Kirche in *Ratzinger*, Identifikation 25 f.
23 *Henrich*, Leben 20.

fern aber steht Identität bleibend unter dem Anspruch der Kohärenz: Pluralisierung heisst nicht *anything goes*. Identität ist auf ein Selbstbild angewiesen, von dem her auch entscheidbar wird, welche Lebensmöglichkeiten mit den Grundeinstellungen des Subjektes und untereinander vereinbar sind.

Konkret formuliert lautet darum die entscheidende Frage: Wie innerlich gehört das, was ich tue und als Lebensweise ergriffen habe, zu «mir», und wie sehr kann ich mich demgegenüber als «Ich» unterscheiden und entsprechend unproblematisch alternative Möglichkeiten ergreifen?

Wenn Identität von den Rollen zu unterscheiden, aber nicht zu trennen ist, sind an dieser Stelle Abwägungen vonnöten. Wie in allen Verhältnisbestimmungen, in denen Grössen zu unterscheiden, aber nicht zu trennen sind, ist es jeweils eine Sache der Einschätzung, ob es die Differenz oder die Zusammengehörigkeit zu betonen gilt. Diese Abwägung wird im Folgenden an der Frage nach der religiösen Identität und ihren verschiedenen, ggf. pluralen Konkretisierungen vollzogen.

Religiöse Identität ist nicht eine andere als die Identität, die ein Mensch grundsätzlich gefunden hat, sondern gehört zu deren inhaltlicher Bestimmung. Dabei kann vom religiösen Selbstverständnis her kein Zweifel an der anvisierten umfassenden Prägung bestehen. Eine religiöse Einstellung ist nicht ein partikuläres Segment in einem umfassenderen Lebensganzen, sondern beansprucht, das Selbstverständnis jenes Ichs zu prägen, das, wie soeben thematisiert, Subjekt der verschiedenen Rollen ist. Odo Marquard dürfte richtig sehen, dass sich mindestens im Rahmen monotheistischen Glaubens hinsichtlich der grundsätzlichen Inanspruchnahme durch die Gottesbeziehung keine Abstriche machen lassen. Jedenfalls in der Perspektive christlichen Glaubens gilt: Wer den einen Gott als Schöpfer, Erlöser und Vollender bekennt, die eigene Existenz also in ihrer Wurzel Gott verdankt, von ihm geheilt und zur Vollendung bestimmt versteht, weiss sich in all seinen Dimensionen auf ihn ausgerichtet und kann prinzipiell nicht einzelne Lebensbereiche aus dieser Orientierung herausnehmen wollen. Damit ist noch nicht gesagt, dass dies immer schon erkannt und vollzogen ist, wohl aber, dass eine entsprechende Integration des ganzen Lebens die einzig wünschbare Konsequenz aus dem Geglaubten ist.

Dies gilt umso mehr, als der christliche Glaube aufgrund seiner «inkarnatorischen» Orientierung der welthaften Struktur menschlicher Existenz hohes Gewicht verleiht und deswegen nicht nur das Subjekt «hinter» den Lebensfacetten, sondern auch diese prägen will. Die irdische, leibhaftige Dimension des Lebens ist nicht irrelevantes Beiwerk, sondern genuiner Ort christlicher

Sendung. Darum trauen und muten christliche Lebenskonzepte Menschen zu, sich bleibend an Lebensformen zu binden. Haltungen wie Beharrlichkeit, treue Solidarität und verbindliches Engagement werden grossgeschrieben. Es gehört in die Mitte des evangeliumsgemässen Selbstverständnisses, sich mit dem Gewicht des eigenen Lebens für Belange der Mitwelt, für Projekte und Werte einzusetzen. Die Herausforderung, sich trotz deren Begrenztheit in partikuläre Lebensgestalten hineinzugeben, ist unten (Abschnitt 2.4) noch positiv aufzunehmen.

Trotz diesen für eine christliche Lebenseinstellung unverzichtbaren Grundhaltungen ist doch auch eine gegenläufige Perspektive unverkennbar. So sehr es eine Dynamik hinein in konkrete Lebensgestalten und Engagements gibt, so wenig ist eine Gleichsetzung der grundlegenden Identität des in die Gemeinschaft mit Gott berufenen Menschen mit einer einzelnen Lebensgestalt zulässig. Dies gewährleistet eine prinzipielle Freiheit gegenüber allen partikulären Lebensmodellen und schreibt der Selbstbindung an einzelne Aufgaben einen Vorbehalt ein. Das Wort Jesu: «Lasst uns anderswohin gehen» (Mk 1,38), mit dem er sich konkreten Erwartungen entzieht, spiegelt sich vielfältig in christlichen Biografien wieder. In Ordensexistenzen ist manchen Personen im Gehorsam sogar gelegentlich bis an die Grenze der Selbstverleugnung zugemutet worden, engagierten Selbsteinsatz in einem Projekt zugunsten anderer Notwendigkeiten wieder zu lösen. Gerade engagierte Menschen erfahren nicht selten, dass es je neu eine Zeit des Sich-Bindens und eine Zeit des Sich-Lösens und Loslassens gibt (vgl. Koh 3,1–8). Die Bereitschaft, von einem Engagement auch wieder zu lassen, ist gewissermassen ein notwendiges Korrektiv zu einer vereinnahmenden Funktionalisierung von Menschen und Projekten für die eigene Identität. Eine starke, weil freie Selbstbindung an dieses oder jenes Lebensmodell setzt ohnehin Alternativen voraus. Wiederum kann an Phänomene der Spiritualitätsgeschichte erinnert werden, die erkennen lassen, dass Totalidentifikationen mit einem Projekt keineswegs positiv gewertet wurden. Von Ignatius von Loyola wird überliefert, er habe sogar seinem Lebenswerk, der Gesellschaft Jesu gegenüber radikale Indifferenz bewahrt: «Ich habe nachgedacht, was mich melancholisch machen könnte, und fand keinen Anlass, ausgenommen der Papst würde die Gesellschaft ganz zerschlagen. Und sogar in diesem Fall, glaube ich, wenn ich mich eine Viertelstunde zum Gebet zurückziehen würde, wäre ich so fröhlich wie zuvor.»[24] Radikaler Einsatz für eine

---

24 *Tellechea*, Ignatius 375.

Sache und zugleich innere Freiheit ihr gegenüber widersprechen einander nicht. Es gehört zur Grösse des Menschen, «sich mit einer Sache identifizieren» zu können, so sehr, dass ihm «etwas ans Herz wächst» – die Redeweisen, die für solchen Selbsteinsatz gefunden wurden, sind ausdrucksstark. Buchstäblich verstanden würde sie der Würde der menschlichen Person und der christlichen Freiheit widersprechen.

Eine weitergehende Auseinandersetzung über die Wertung «zweiter Entscheidungen» steht in der katholischen Kirche mit ihrer hohen Wertschätzung von lebenslangen Bindungen wohl noch aus. Es geht hier nicht nur darum, dass sich Urteile über Biografien verbieten, in denen eingegangene Bindungen nicht durchgehalten werden konnten. Grundsätzlicher stellt sich die Frage, ob es auszuschliessen ist, dass sich Menschen aus Treue zu ihrem persönlichen Berufungsweg eine zweite Entscheidung aufdrängt. Es wäre zu einfach, die heute höhere Zahl von Umorientierungen ausschliesslich einer zeitgenössischen Unverbindlichkeit zuzuschreiben. Ein sorgfältiger Umgang mit diesem Phänomen ist geboten.

1.4 Ausblick

Wie in den vorausgehenden Ausführungen deutlich geworden ist, liessen christliche Identitätsmuster aus spiritualitätstheologischen Gründen durchaus schon in früheren Jahrhunderten einigen Spielraum zu. In einer Zeit, in der pluralitätsoffene Identitäten einen höheren Stellenwert erhalten haben, sind die diesbezüglichen Potenziale einer christlichen Spiritualität indes noch weiter zu prüfen und auszuloten. Die Wahrnehmung, dass Lebensentwürfe heute pluriform sind, ist mit Klischees wie «Relativismus» und «Beliebigkeit» nicht angemessen zu beantworten. Bei aller gebotenen Wachsamkeit gegenüber den Schattenseiten der Auflösung von Identitätsmustern liegt das Heilmittel nicht im Einschärfen von vorgegebenen Lebensmodellen. Vielmehr ist präzise die Frage zu stellen, wie der freiheitliche Umgang mit der gegebenen Pluralität von Lebensmöglichkeiten eingeübt und an Kriterien orientiert werden kann. Auf katholischer Seite besteht ohnehin ein Rückstand in der Anerkennung der individuell zu verantwortenden Lebensführung der Gläubigen. Die hier gegebene Pluralität wird teils nicht wirklich wahrgenommen, weil das Gelebte nicht den gewohnten Entwürfen entspricht, teils an Leitvorstellungen gemessen, die den je persönlichen Wegen nicht entsprechen. Damit aber wird man nicht nur den Menschen nicht gerecht, sondern beraubt auch die Gegenwartsgestalt der Kirche eines notwendigen Reichtums. Mühe mit dem Anschluss an die zeitgenössische Kultur hat die Kirche auch deswegen, weil sie ihre Glieder zu wenig dazu motivierte, in ihren Kontexten auf der Spur neuer und vielfältiger Ausprägung christlichen Lebens zu sein. Umso mehr besteht heute ein Bedarf an Pflege von Verschiedenheit, nicht zuletzt um anschlussfähig für die gegenwärtige Suche nach Ressourcen für Identitätsarbeit zu sein.

2   Auf der Spur der Ganzheit

Wenn Soziologie und Psychologie heute die Schwierigkeit des Projektes von Identitätskonstruktionen konstatieren und wenn bestimmte Identitätskonzepte relativiert werden müssen, ist nicht das Thema als solches verabschiedet. Es gibt gute Gründe, warum Kohärenz, Kontinuität und Autonomie als bleibend relevante anthropologische Grundbegriffe anzusehen sind. Es wäre keine Errungenschaft der Spät- oder Postmoderne, so etwas wie Identität schlechthin verloren zu haben. Die neu verlangte Fähigkeit, in multiplen Herausforderungen flexibel zu reagieren, ist nicht identisch mit Identitätsdiffusion, wie sie als pathologische Störung auftritt.

Das in den Rahmenbedingungen der heutigen Zeit komplexer gewordene Identitätsprojekt macht gesteigerte Identitätsarbeit notwendig, die entsprechend mehr Aufmerksamkeit verdient. Dabei kann positiv vermerkt werden, wie die meisten Menschen diese Herausforderung durchaus bestehen. Solche Anerkennung steckt in der von Heiner Keupp gewählten Rede von der Patchwork-Identität oder -Biografie. Sie impliziert einen positiven Blick auf den Herstellungsprozess und ist umso mehr interessiert, dessen Faktoren zu ergründen: «Mit welchen Identitätsmaterialien ist gearbeitet worden und über welche Konstruktionsfähigkeiten verfügt ein Subjekt, das ein spezifisches Identitätspatchwork kreiert hat?»[25]

Je anspruchsvoller die Identitätsarbeit ist, desto dringlicher ist es, entsprechende Ressourcen zu erschliessen. In diesem Horizont wäre es bedauerlich, wenn Christen nicht wahrnehmen würden, welchen Beitrag der christliche Glaube für die Ausbildung einer gelingenden Identität leisten kann. Das entsprechende Potenzial zu beleuchten und in Streiflichtern zu erschliessen ist das Anliegen der folgenden Ausführungen.

---

25 *Keupp*, Identitätskonstruktionen 10.

Dabei ist sogleich zu betonen, dass Glaube und Spiritualität tragende Kräfte der Identitätsbildung sein können, ohne aber die entsprechende Identitätsarbeit überflüssig zu machen. Dies muss deswegen unterstrichen werden, weil die Berufung auf Spiritualität und Gottvertrauen allzu leicht als Vorwand genommen wird, um «Arbeit» an sich selbst zu umgehen. «Spirituelle Abkürzung» nennt Wunibald Müller diese Illusion, mit der versucht wird, der Eigenverantwortung für das Leben und für die anstehenden Entwicklungen aus dem Weg zu gehen. Verhängnisvoll wird dies, wenn das entsprechende Defizit religiös verbrämt wird.

> «Statt sich mit ihrem schwachen Ich oder geringen Selbstwertgefühl auseinanderzusetzen und das Menschenmögliche zu tun, um das Ich und das Selbstwertgefühl zu stärken, statt sich mit bisher nicht angeschauten unbearbeiteten und inneren Konflikten auseinanderzusetzen, flüchten die betreffenden Personen in eine spirituelle Welt, um sich all diesen Mühen und Plagen zu entziehen. Das Ergebnis ist, dass sie in ihrer Entwicklung steckenbleiben, dass sie klein bleiben und ihre notwendige Menschwerdung nicht vorangeht.»[26]

Identitätsbildung, im hier zitierten Text sogar noch grundsätzlicher: Menschwerdung, ist gerade von der Erfahrung spirituellen Lebens her ein anspruchsvoller Prozess. Glaube und Spiritualität stiften nicht direkt eine Identität, sondern stellen Ressourcen zur Verfügung, mithilfe deren Menschen fähig sind, die Herausforderung zur subjektiven Konstruktion von Identität zu bestehen. Eine blosse Übernahme von normativen Erwartungen und vorgegebenen Formen bei fehlender Ausprägung einer persönlichen spirituellen Lebensgestalt sind Phänomene des *foreclosure* und damit von missglückter Identitätsarbeit.

Die Option für (identitätstheoretisch gesprochen) Kohärenz und (spiritualitätstheologisch gesprochen) Ganzheit muss den gewandelten Identitätskonzepten und der Einsicht in die neue Herausforderung und neue Fähigkeit zum Umgang mit Pluralität gerecht werden. Die folgende spiritualitätstheologische Reflexion, die nach Orientierungspunkten für spirituelle Wege zur Ganzheit sucht, umfasst deshalb einerseits den Blick auf kohärenzstiftende Momente, andererseits aber gewissermassen «retardierende» Momente, in denen erst noch das Disparate der eigenen Existenz beleuchtet wird. «Identitätsdiffusion» lässt sich nicht dadurch vermeiden, dass die Pluralität menschlicher Existenz ausgeblendet wird. Diese muss vielmehr integriert werden.

---

26 *Müller*, Spiritualität 33 f.

2.1 «Erzähle dich selbst»: Identität aus der Gottesbeziehung

«Während ich beim Schein der Lampe diese Blätter bekritzle, die keiner zu Gesicht bekommen soll, habe ich das Gefühl, dass unsichtbar jemand zugegen sei», so schildert im Roman von Georges Bernanos[27] der Tagebuch schreibende Landpfarrer die Erfahrung, in der sich eine grundlegende Ambivalenz des Tagebuch-Schreibens überhaupt manifestiert. Schreibt man für sich – oder nicht doch immer mit der Option eines Wahrgenommenwerdens mindestens durch eine zweite Person? Wie auch immer ein Mensch sich für sich selbst erzählt, unwillkürlich fliesst eine Aussenperspektive ein. Darin meldet sich das Interesse an der nie beantwortbaren Frage, wie jemand anders jene Person wahrnimmt, die ich selbst nur von innen kenne. Erhofft wird zudem ein verständnisvolles Forum der eigenen Erzählung. In diesem Sinne reflektiert der Tagebuchschreiber von Bernanos auf die Frage, wer jene anwesende Person sein könnte. Obwohl er ursprünglich intendiert hatte, dass es «eine Unterredung zwischen Gott und mir sein sollte, eine andere Art zu beten, eine Möglichkeit, mir das Beten zu erleichtern, das mir oft, wie mir immer wieder scheint, unübersteigliche Schwierigkeiten bereitet», schliesst er nun diese Möglichkeit aus: «Sicher aber ist es nicht Gottes Gegenwart, die ich da empfinde, wohl aber die eines Freundes, der zwar von mir unterschieden und von anderer Wesenheit ist, aber eben doch geformt nach meinem Bilde.» Die Gegenwart des Freundes ist erwünscht und ersehnt, da das Tagebuch-Schreiben offenlegt, «welch riesigen, übermässigen Raum in meinem armen kleinen Leben die tausend täglichen Sorgen einnehmen, von denen ich schon manchmal befreit zu sein glaubte» – auf dem Papier wird somit unnötigerweise gerade das verewigt, «was ich im Gegenteil nach Möglichkeit vergessen sollte». So ist es wohltuend, dass jemand wie ein Freund teilzunehmen scheint. Obwohl der Schreiber den Glauben hat, «dass unser Herrgott unsere Sorgen mitträgt, selbst wenn sie ganz unbedeutend sind, und dass er nichts davon geringachtet», wagt er dies angesichts seiner Tagebuchnotizen doch nicht mehr in Anspruch zu nehmen. In der Fluchtlinie des Romans indes dürfte intendiert sein, dass die Figur des Freundes für Gott transparent wird.

«Erzähle dich selbst»: Die narrative Konstruktion von Identität ist heute in ihrer Bedeutung erkannt.[28] In welcher Weise allerdings Erzählen Identität schafft, ist durchaus umstritten und jedenfalls variabel. Geht es darum, das

---

27 *Bernanos*, Tagebuch 32 (so auch die folgenden Zitate aus dem Roman).
28 *Kraus*, Selbst; *Thomä*, Erzähle.

eigene Leben durch Erzählen zu stabilisieren oder gerade neue Perspektiven zu öffnen? Beanspruchen Erzählkonzepte zu Unrecht, das Lebensganze in den Blick zu nehmen oder zu einer Selbstfindung beizutragen, in der das «Selbst» nur noch gefunden werden muss? Entgeht die Erzählung der Versuchung der Selbststilisierung, die das wirkliche Leben schönt oder es aus dem Blick verliert?

Der Glaube lädt ein zu einer Art der Erzählung, die fragmentarisch bleiben kann, weil nicht sie allein selbst die Identität stiften muss. Es genügt, wenn sie dazu hilft, das Gelebte zu versammeln. Nicht das eigene Selbst muss dafür einen roten Faden oder ein Konzept vorlegen, vielmehr lebt das Gebet von dem Akt des Vertrauens, im Angesicht Gottes trotz der Verschiedenheit der eigenen Geschichten der- oder dieselbe zu sein. Es ist Zeugnis von biblischen Betern und von Gläubigen aller Zeiten, Gott in freundschaftlicher, intimer Nähe mit dem eigenen Leben verbunden zu erfahren. Exemplarisch genannt sei hier nur die Überzeugung des Beters von Ps 139,1–3: «Du hast mich erforscht und du kennst mich. Ob ich sitze oder stehe, du weisst von mir. Von fern erkennst du meine Gedanken. Ob ich gehe oder ruhe, es ist dir bekannt; du bist vertraut mit all meinen Wegen.» Augustinus fasst dieses Vertrauen in die bekannte Wendung: *«interior intimo meo»*, Gott ist «innerer als mein Innerstes».[29] Diese Beziehung ist in Reinform das, was die Theologie Gnade nennt: bedingungslos geschenkt und nicht abhängig von menschlicher Vorleistung. Wegen solcher bedingungslosen Verlässlichkeit stellt diese Beziehung ein unüberschätzbares Potenzial für eine nicht zu leistende, sondern geschenkte identitätsstiftende Mitte menschlichen Lebens dar.

Zugleich ist es eine der anspruchsvollsten Aufgaben christlicher Lebenspraxis, diese Beziehung zu gestalten und lebensprägend werden zu lassen. Zu erlernen ist die Kunst des Gebetes, das sich getraut, das eigene Leben in all seinen Facetten Gott zu erzählen. Dabei ist Gott – um mit Nikolaus von Kues zu sprechen – der Nicht-Andere und zugleich der schlechthin Andere, so dass dialogische Verbundenheit mit Gott nicht gleichbedeutend ist mit der Beziehung zu einem nur projizierten Alter Ego und somit geradezu mit Selbstgesprächen. Weil Gott als der Nicht-Andere mit den gegangenen Wegen und den eigenen Erfahrungen mehr vertraut ist als ich selbst (nicht Gott hat mein Erzählen nötig!), darf ich dabei auf innerstes Verstehen setzen. Weil Gott als Anderer nicht nur bestätigende Instanz ist, wird das eigene Leben im beten-

---

29 Vgl. *Augustinus*, Bekenntnisse 3,6,11.

den Erzählen einem echten Gegenüber ausgesetzt. Nur so gehen von diesem Erzählprozess inspirierende und korrigierende Wirkungen aus. Nur so kann dieser Prozess auch in eine echte Erfahrung von Anerkennung und Geborgensein führen. Hier liegen die Grenzen einer psychologischen Deutung des Gebetes. In vielen Dimensionen kann das Gebet rein psychologisch als reinigend und sinnstiftend gedeutet und auch erfahren werden. Die letzte Tiefe indes hängt daran, dass der glaubende Mensch im Gebet mit einem echten Gegenüber zu tun hat, dessen Verstehen tiefer reicht, als es die Projektion des verständnisvollen Freundes zu erfassen vermag, und der gleichwohl aus eigener Freiheit heraus begegnet und so allein die Anerkennung gewährt, die niemand sich selbst geben kann.

Das Vertrauen, in Gott ein annehmendes Gegenüber zu finden, wird zum Ernstfall, wenn es darum geht, sich auch im Leiden, in den Verletzungen und in den eigenen Schatten erkannt und angenommen zu wissen und sich deshalb in der betenden «Narration» nicht zu einer ästhetisch gelungenen Existenz stilisieren zu müssen. Gerade dies ist für die Kohärenz des eigenen Lebens unverzichtbar, wenn von der eigenen Identität nicht Teile abgespalten werden sollen, was langfristig meist ohnehin erfolglos ist.

2.2   Integration der «Negativität»

Wie bedeutsam das Vertrauen ist, im eigenen Erzählen auf einen verständnisvollen Zuhörer zu stossen, mag die Szene aus dem Film «Amadeus» (Miloš Forman, 1984) illustrieren, in der Antonio Salieri eingeladen wird, eine Beichte abzulegen. Seine Rückfrage an den Priester ist: «Verstehen Sie etwas von Musik?» Gut aufgehoben wäre die Geschichte der Eifersucht nur bei jemandem, der Salieris religiös inspirierte Hingabe an die Musik nachvollziehen könnte. Verständnisvolles Zuhören umgekehrt lockt die ganze Wahrheit heraus. Denn: Was wäre – nicht historisch, sondern innerhalb des Films gedacht – von der Identität des Antonio Salieri erkannt, würde nicht auch die Eifersucht in den Blick genommen?

Zugegebenermassen sind Christen von der traditionellen Verkündigung zuweilen in unangemessener Weise auf eine kirchlich definierte Sündhaftigkeit fixiert worden. Die vorgeschlagenen Busswege wurden oft nicht als hilfreich empfunden, weil sie trotz der Rede vom Heil nicht erfahrbar heilsam wirkten. Was das christliche Menschenbild gleichwohl zu Recht und unaufgebbar festhält, ist die Notwendigkeit, das Schuldhafte wie auch allgemeiner die Wunden, Schatten und Bruchstellen des eigenen Lebens nicht auszublenden. Bei genauerem Hinsehen geht es dabei nicht ausschliesslich um Sünde, sondern um sehr facettenreiche Phänomene. Gemeinsam ist ihnen, dass sie die Vorstellung, die ein Mensch von sich selbst und von seinem Leben hat, kränken. Brüche führen vor Augen, dass die Kontinuität des eigenen Lebens von innen und von aussen angefochten ist. Scheiternde Projekte konfrontieren mit der Begrenztheit der eigenen Möglichkeiten. Am schlimmsten indes dürfte es bis heute für Menschen sein, wenn etwas nicht nur nicht geglückt ist, sondern wenn jemand (bejahte und somit eigene) Massstäbe des Guten und des Lebensförderlichen willentlich verletzt hat – das heisst: schuldig geworden ist.

In all diesen Phänomenen wird «Negativität» erfahren: Die positiv behauptete oder anvisierte Identität wird angefochten. Daraus erwächst geradezu instinktiv das Bestreben, diese Anteile des eigenen Lebens zu verdrängen oder durch Überformungen in Erfolgsgeschichten umzuschreiben. Zu Recht wendet Henning Luther indes ein, dass eine behauptete Identität ohne Integration dessen, was sich der idealen Vorstellung der eigenen Identität widersetzt, eine falsche Wirklichkeit vortäuscht. Von Identität werde nur dann nicht-ideologisch geredet, «wenn die Negativität des Daseins und Erfahrungen der Trennung und Zerrissenheit nicht ausgespart und verdrängt werden»[30].

Damit wird einerseits der schon thematisierten Einsicht Rechnung getragen, dass Identität weniger einlinig zu denken ist, als dies gelegentlich suggeriert wird. Andererseits geht es nicht darum, die Ideale von Kohärenz bzw. Ganzheit aufzugeben, sondern diese durch die Integration von Negativität in wahrhaftiger Weise zu erreichen. In diesem Sinne spricht Luther vom dynamischen Charakter des Fragmentes, das positiv wirkt, indem es über sich hinausweist und echte Ganzheit suchen lässt.[31]

Auf diese Weise hat erfahrene und integrierte Negativität fruchtbare Konsequenzen für die Identitätsbildung. Der Schriftsteller Wilhelm Genazino spricht von der «Würde des Fehlschlags»:

---

30 *Luther*, Religion 159.

31 Fragmente «weisen über sich hinaus. Sie leben und wirken in Spannung zu einer Ganzheit, die sie nicht sind und nicht darstellen, auf die hin aber der Betrachter sie zu ergänzen trachtet. Fragmente lassen Ganzheit suchen, die sie selber aber nicht bieten und finden lassen. Von Fragmenten geht daher eine Bewegung der Unruhe aus, die nicht zu einem definitiven Stillstand führt» (ebd. 167).

«Jeder Fehlschlag, der uns vorübergehend aus dem Tritt bringt, stösst uns in ein inneres Warten hinein, in dem wir nicht nur erschrecken, sondern auch – zu denken anfangen. Wer scheitert, schaut zurück, und wer zurückschaut, sinnt nach. Im Scheitern wird das Biographische selber reflexiv; allmählich bildet sich eine zusammenhängende Lebenserzählung, eine Innenwelt-Perspektive, eine nicht mehr abbrechende Sinn-Erwägung, kurz: es bildet sich Identität. Durch das momentweise (oder längere) Ausbleiben des Erfolgs, der Zuversicht oder der Kraft treten wir der herrschenden Glückssucht entgegen. Und machen darauf aufmerksam, dass es auch eine Würde des Fehlschlags gibt. [...] Das Unverstandene an meinen Niederlagen hat einen inneren Text hervorgebracht, ohne den ich heute nicht leben möchte.»[32]

Christliche Traditionen des Umgangs mit Schuld und Sünde sind eine bedeutende Ressource für die Integration auch der als schwierig und kränkend empfundenen Facetten des eigenen Lebens. Dabei ist es nicht als Unschuldswahn zu verdächtigen, wenn die Fokussierung auf schuldhaftes Versagen aufgebrochen wird für eine breitere Palette von Phänomenen. Motive wie Gebrochenheit, Zerrissenheit, Schatten beziehen sich in spiritueller Sprache auf die Dimension der Sünde, ohne aber darauf festgelegt zu sein. Dasselbe gilt für die traditionelle Metapher der Wunde, die Anselm Grün aufnimmt, um zugleich auf die Herausforderung aufmerksam zu machen:

«Der Weg zu Gott geht über unsere Wunden und nicht an ihnen vorbei. Man kann auch im geistlichen Leben seiner Wahrheit ausweichen, indem man sich spirituell ständig beschäftigt, eine geistliche Übung nach der anderen verrichtet, aber Gott keine Chance lässt, uns unsere Wahrheit aufzudecken und unser verwundetes Herz anzurühren.»[33]

Zudem wird in spiritueller Lebenspraxis – ebenfalls anlehnend an alte Traditionen – ein mehr therapeutischer Umgang mit den vielfältigen Erfahrungen von Scheitern und Begrenzung gesucht werden müssen. Nicht von ungefähr verweist Silja Walter in ihrer Reflexion von Beichterfahrungen auf das Defizit eines zu äusserlichen Umgangs mit Schulderfahrungen: Wie in der Sage von König Artus könne die Wunde nicht heilen, wenn niemand die Frage nach deren Ursache stelle.[34]

---

32 *Genazino*, Blick 102 f.
33 *Grün*, Wunde 59 f.
34 *Walter*, Beichte 267.

2.3 Spirituelle Weisen, «verschieden sein zu können»

«Könnte ich mein Leben noch einmal von vorn beginnen, würde ich versuchen, mehr Fehler zu machen» – mit diesen Worten beginnt ein Text, der in einem Gebetsband der 80er Jahre des 20. Jahrhunderts abgedruckt ist.[35] Es folgt eine ganze Palette von Alternativen zu einem vernünftigen und auf eine wohlgeordnete Identität festgelegten Leben, die bisher verpasst wurden und in einem zweiten Leben angestrebt würden: «Ich würde mehr Gelegenheiten beim Schopfe ergreifen und öfters auf Reisen gehen. Ich würde mehr Berge ersteigen, mehr Flüsse durchschwimmen und mehr Sonnenaufgänge auf mich wirken lassen. Ich würde mehr Schuhsohlen durchlaufen, mehr Eis und weniger Bohnen essen.» Mehr Verrücktheiten, mehr Fehler als neues Ideal!

War im vorausgehenden Abschnitt die Integration von Negativität als solcher zu postulieren, so wird hier die Grenze zwischen negativer Abweichung von Identität und positiver Pluralisierung von Identität durchlässig. Ist wirklich alles, was auf den ersten Blick einer vordefinierten Identität nicht entspricht, als negativ oder destruktiv zu bewerten, oder wäre es nicht vielmehr geboten, die Identität für zunächst nicht schon darin angelegte Verschiedenheiten offenzuhalten?

Ein Vierteljahrhundert später wirkt der zitierte erträumte Ausbruch aus einer bürgerlichen Existenz der 80er Jahre überholt. Eine grosse Zahl von Menschen verwirklicht die eigenen Träume von Weltreisen oder alternativen Lebensentwürfen, ist (nicht immer, aber doch oft freiwillig) in verschiedenen Berufen tätig und ist durchaus nicht bereit, die Vielfalt von Lebensmöglichkeiten nur im Konjunktiv zu thematisieren. Wer auch heute noch im realen Leben zu kurz kommt, kann das Defizit in virtuellen Welten kompensieren. Deswegen scheint es heute das dringlichere Postulat zu sein, den Zusammenhalt fragmentierter Identitäten anzumahnen oder den Grössenwahn zu ernüchtern, man könne letztlich all die Potenziale ausschöpfen, die in der eigenen Person liegen. Wenn Menschen versuchen, das Leben als «letzte Gelegenheit» (Marianne Grönemeyer) für alle Möglichkeiten offenzuhalten, scheint es vordringlich zu sein, dass seine Möglichkeiten schlussendlich definitiv verpasst, wer es versäumt, sich hinreichend festzulegen.

Gleichwohl wäre es fatal, der zeitgenössischen Wertschätzung pluraler Lebensmöglichkeiten nur mit nörglerischer Kulturkritik und pessimistischen

---

35 *Wilkinson*, Mal 40.

Warnungen zu begegnen. Wie das Phänomen des *foreclosure* zeigt, sind Menschen in der pluralen Gesellschaft nicht selten zu ungesunden Festlegungen verleitet. Umso mehr muss gefragt werden, wie es in spiritueller Lebenspraxis gelingen kann, die geforderte Integrationsleistung in der nötigen Differenziertheit zu vollbringen. Wie kann die positive Vision, «ohne Angst verschieden sein zu können», aufgenommen und die Fähigkeit dazu gefördert werden? Wie kann im Bereich spiritueller Lebensentwürfe vermieden werden, dass die postulierte Ganzheit als reduktive Wirklichkeit missverstanden wird? Nach Ganzheit streben erfordert, sich den Möglichkeiten des «Verschiedenseins» und den verschiedenen Personanteilen zu stellen. Es wäre fatal, wenn der Eindruck entstünde, in spiritueller Hinsicht müssten Menschen sich für ein uniformeres (nicht gleichbedeutend mit: geradlinigeres!) Profil entscheiden, als dies vom zeitgenössischen Selbstverständnis her gutgeheissen werden kann. Alternative Möglichkeiten sollten weder verdrängt noch irgendwann resigniert auf ein «zweites» Leben vertröstet werden, ebenso wenig dürfte es als Ideal gelten, verschiedene Lebensentwürfe eher unvermittelt aneinanderzureihen. Gerade deswegen aber muss gelernt werden, plurale Möglichkeiten in den eigenen Lebensentwurf zu integrieren. Der Weg zur Ganzheit führt über Selbsterkenntnis, die die faktischen verschiedenen Rollen ebenso wie die potenziellen Möglichkeiten einschliessen muss.

Wir sind vielfältiger, als wir nach aussen erscheinen und für uns selbst zulassen. Sich darauf zu besinnen, hat nicht zum Ziel, sich in Irreales hinein zu zerstreuen, sondern mehr und mehr alles, was in einem steckt, kennen und integrieren zu lernen. Dazu braucht es eigene Fantasie, dazu dienen aber auch Anregungen von aussen, sich nicht zu sehr auf die wenigen Möglichkeiten einengen zu lassen, die man gerade faktisch lebt.

An dieser Stelle lohnt ein genaueres Augenmerk auf den Weisen, wie Menschen sich mit ihren potenziellen Möglichkeiten vertraut machen. Anthropologisch ist erkannt, welche Bedeutung das Spiel für Kinder zum Ausprobieren und zur Einübung von Verhaltensweisen hat. Derartige Sondierungen bleiben auch für Erwachsene bedeutsam. Wenn Menschen die Fähigkeit abgeht, Alternativen zur Realität zu entwickeln, sind sie nicht nur fantasielos, sondern krank. Die Unfähigkeit, sich kontrafaktisch zu verhalten, ist eine geistige Störung, die darin besteht, dass Menschen ihr Ich nicht von der Aussenwelt oder den inneren Zuständen lösen können, weil sie unfähig sind, das Faktische zu verneinen.[36] Damit bleibt ihnen verschlossen, abweichende Möglichkeiten

---

36 Vgl. *Wellershoff*, Verneinung.

zu entdecken. Wie problematisch das Verdrängen eigener Persönlichkeitsanteile ist, zeigen die Reaktionen auf andere Menschen, wenn diese die eigenen verdrängten Eigenschaften vor Augen halten.

Literatur und Theater bieten seit Menschengedenken die Möglichkeit, sich in alternative Biografien hineinzuversetzen. Das Medium des Filmes hat diese Palette mit Angeboten intensiver Suggestivkraft nur vermehrt. Es ist eine ganz eigene Erfahrung, im Medium der Fiktion unversehens eine andere Person und eine andere Lebensgestalt von innen her nachzuvollziehen und sie dabei als eine eigene Möglichkeit zu entbergen. Besonders eindrücklich ist dies, wenn man im ersten Moment zu dieser oder jener Figur wenig Affinität verspürt und dann doch in ihr Verhalten und ihre Auffassung hineingezogen wird. Diese Art von Kunst hat Erfolg, weil in Menschen das Potenzial zum Mitvollzug einer fremden Existenz liegt – weil sie in sich selbst das Potenzial zu einer solchen Existenz verspüren.

Auf subtilere Weise setzen auch die bildende Kunst und Musik alternative Potenziale im Menschen frei. Stimmungen, die durch Formen, Farben und Töne entstehen, übertragen sich und lösen eine Resonanz aus. Darauf setzen Tanz- und Marschmusik ebenso wie im kirchlichen Bereich Andachtsbilder. Es setzt Möglichkeiten frei, wenn durch die Verschiedenheit von Tonarten, Melodien und Instrumenten im eigenen Inneren Verschiedenes, manchmal vielleicht Verborgenes ins Schwingen kommt. Nicht ohne Grund ist in vielen Kompositionen auf die Ähnlichkeit der Oboe zur menschlichen Stimme gesetzt worden. Doch auch das Becken in einer Mahlersymphonie kann menschliche Regungen stimulieren, so wie im Hören von Richard Strauss' «Till Eugenspiegels lustige Streiche» freches Widerstandspotenzial wachwerden mag. Das Hören setzt in Tiefenschichten des eigenen Daseins Kapazitäten frei, lässt vielleicht verloren gegangene Gefühlslagen wach werden.

In derselben Tradition stehen schliesslich heute die so genannten virtuellen Welten. Die Gefahr, dass Menschen in virtuellen Welten den Bezug zum realen Leben verlieren, stellt nicht ihren Wert überhaupt infrage, sondern unterstreicht die Notwendigkeit einer Einübung in sinnvollen Umgang damit. Die (einzuübende) Kunst liegt darin, in virtuellen Welten nicht abzutauchen, sondern das Spiel mit den potenziellen Möglichkeiten für die Realität fruchtbar zu machen. Entscheidendes Kriterium ist, wie die Welt, die in der Fiktion aufscheint, mit der eigenen Realität zusammengebracht wird. Eine Bereicherung durch das Sich-Einfühlen in alternative Möglichkeiten erfolgt nur dann, wenn eine Übertragung auf das eigene Leben erfolgt. Dies mag oft unbewusst geschehen, kann aber auch explizit vollzogen werden. Entscheidend ist der

Unterschied zwischen voyeuristischer Beobachtung und existenziell engagierter Erprobung der eigenen Möglichkeiten in virtuellen Kontexten.

Die hier vertretene Wertschätzung der Exploration eigener Potenziale mit Hilfe von Fiktionen hat «traditionelle» Vorbilder. Eine zunächst intuitiv erfolgte, dann bewusst gesuchte Vermittlung zwischen fiktiv begegnender Welt und eigener Existenz ist Wendepunkt im Werdegang von Ignatius von Loyola. Schlüsselsituation ist die durch Ritterromane angeleitete Imagination einerseits im Vergleich zu der von Lebensbeschreibungen Jesu Christi und der Heiligen ausgehenden Inspiration andererseits. Ignatius taucht in virtuelle Welten ein und fragt sich: «Was wäre, wenn ich das täte, was der hl. Franziskus getan hat, und das, was der hl. Dominikus getan hat?»[37] Von dieser Erfahrung her ist sein Exerzitienbuch voll von Anleitungen zu Imaginationen potenzieller Verhaltensweisen und Engagements, wie etwa in der Betrachtung über den Ruf des irdischen bzw. des ewigen Königs[38] oder in der Betrachtung der Geburt Jesu mit Einbezug der Imagination eigenen Dienens.[39] Nicht von ungefähr ist in ignatianischer Tradition ein Konzept von Filmexerzitien entwickelt worden, in denen bewährte geistliche Weisheit mit modernen Medien verbunden wird.[40]

Umgang mit grösserer Verschiedenheit muss – angesichts des empirischen Befundes – heute erlernt werden, und dafür sollten die gegebenen Möglichkeiten genutzt werden. Dabei sind nicht nur die grösseren Wahlmöglichkeiten der Menschen heute ein Wert, sondern auch das gewachsene Zutrauen und Vermögen, verschiedene Facetten in einer plural verfassten Identität integrieren zu können. Nicht Infragestellung der Kohärenz ist hier gemeint, wohl aber die Zuversicht, dass die anvisierte Kohärenz mehr Verschiedenheit zu integrieren vermag, als es frühere Identitäts- und auch Spiritualitätskonzepte wahrnahmen.

Das hier vorgelegte spiritualitätstheologische Plädoyer für einen konstruktiven Umgang mit Pluralität und mit differenzierten Identitätskonzepten soll abschliessend mit zwei zeitgenössisch eher querliegenden Impulsen abgerundet werden.

---

37 *Ignatius von Loyola*, Bericht 16.
38 Vgl. *Ignatius von Loyola*, Geistliche Übungen Nr. 91–100.
39 Vgl. a. a. O. Nr. 114.
40 Vgl. *Hiestand*, Film-Exerzitien.

2.4 Mut zum Bleiben

Derselbe Paulus, der – im Sinne der Ausführungen des vorigen Abschnittes –
im Philipperbrief seine Flexibilität für verschiedenartige Situation markiert
und bekräftigt, er habe gelernt, sich in jeder Lage zurechtzufinden (Phil
4,11 f.), legt sich an anderer Stelle eindeutig fest: «Ein Zwang liegt auf mir.
Weh mir, wenn ich das Evangelium nicht verkünde!» (1 Kor 9,16). Ganzheit
wächst auf dem Boden des ausgeloteten Facettenreichtums der Person; sie
verlangt dann aber auch den Mut, sich zu binden und sich radikal für etwas
zu engagieren. Es gehört zur Grösse des Menschen, sich festlegen zu können
oder sogar: sich festgelegt zu erfahren – in einem differenzierten, nicht totalitären Sinn – sogar als Bindung an *eine* Lebensgestalt und als Einsatz für *ein*
Lebensprojekt.

Ganzheitlichkeit, in der sich jemand ganz für eine Sache engagiert, ist
nicht Notlösung für Menschen, die nur eines «können», sondern überzeu-
gend gerade dann, wenn spürbar wird, dass jemand seine vielfältigen Möglichkeiten in «Eines» hineingibt. Der Mut, im Fragment das Ganze zu suchen,
gründet in der Zuversicht: Es gibt Reichtum nicht nur in dem Vielerlei, sondern auch im Ausloten des Ganzen, das an *einem* Ort, in *einem* Engagement
zu finden ist.

Auf faszinierende Weise kommt die Spannung zwischen einer Pluralität
von Möglichkeiten und der Entscheidung für eine davon in einem Text von
Meister Eckhart (1260–1328) zur Sprache. Er beschreibt einen Menschen,
der eine Entscheidung für ein bestimmtes «Leben oder Werk» trifft, und leitet
dazu an, in der einen gewählten Lebensweise zufrieden zu sein in der Zuversicht, darin letztlich «alles» ergreifen zu können.

> «Obzwar ihm auch späterhin eine andere Weise besser gefällt, so soll er doch
> denken: Diese Weise hat Gott dir zugewiesen, und so sei sie ihm die allerbeste.
> Darin soll er Gott vertrauen, und er soll alle guten Weisen in eben diese selbe
> Weise miteinbeziehen und alle Dinge darin und demgemäss nehmen, welcher
> Art sie auch sein mögen. Denn was Gott *einer* Weise an Gutem angetan und
> mitgegeben hat, das kann man auch in *allen* guten Weisen finden. In *einer* Weise
> eben soll man *alle* guten Weisen und nicht [nur] die Sonderheit eben dieser
> Weise ergreifen. Denn der Mensch muss jeweils nur eines tun, er kann nicht alles
> tun. Es muss je Eines sein, und in diesem Einen muss man alle Dinge ergreifen.
> Denn, wenn der Mensch alles tun wollte, dies und jenes, und von seiner Weise
> lassen und eines anderen Weise annehmen, die ihm just gerade viel besser gefiele,
> fürwahr, das schüfe grosse Unbeständigkeit. [...] Der Mensch ergreife *eine* gute

Weise und bleibe immer dabei und bringe in sie alle guten Weisen ein und erachte sie als von Gott empfangen und beginne nicht heute eines und morgen ein anderes und sei ohne alle Sorge, dass er darin je irgend etwas versäume. Denn mit Gott kann man nichts versäumen; so wenig Gott etwas versäumen kann, so wenig kann man mit Gott etwas versäumen. Darum nimm Eines von Gott, und dahinein ziehe *alles* Gute.»[41]

Unübersehbar ist es heute schwieriger geworden, im eigenen Leben Kontinuität zu wahren, beim Eigenen zu bleiben, statt dem Lockruf des Neuen und Anderen zu folgen, Schwierigkeiten auszuhalten, statt den Kontext zu wechseln. Gerade in einer Zeit, in der die Fülle pluraler Möglichkeiten zugleich als nicht erfüllend erfahren wird, wenn es an der wirklichen Verbindung solcher Möglichkeiten mit dem eigenen Leben fehlt, erwacht aber auch eine neue Aufmerksamkeit für die Chance, die in der Treue zu einer Sache und im «Bleiben» – hier durchaus mit Anklängen an die johanneische Theologie gemeint – liegen. Nicht umsonst werden Geschichten vom Bleiben oder vom Ausziehen auf der Suche nach dem Schatz, den man dann im Eigenen wiederfinden wird, gern aufgenommen – in der Ahnung von der Weite, die sich erst dann auftut, wenn man sich nicht im Vielerlei verliert.

2.5 Mut zum Eigenen

Mut zum Bleiben setzt Entschiedenheit voraus, die, je weniger sie von aussen gestützt wird, desto mehr von innen kommen muss. Gleich ob die Pluralität der Facetten menschlichen Lebens betont wird oder im Sinne des vorausgegangenen Abschnittes der Wert eines Engagements für Eines: entscheidend ist für beides die Fähigkeit von Menschen, von einer eigenen Mitte her das Leben gestalten zu können. Verlangt ist der Mut zum Eigenen, zum eigenen Standpunkt, zu den eigenen Überzeugungen. Selbstverständlich ist dies nicht.

> «Personen, denen der Status der *Identitätsdiffusion* zugeschrieben wird, haben weder Festlegungen getroffen noch notwendig eine Experimentierphase in den inhaltlichen Bereichen Berufswahl, ideologischer Standpunkt, sexuelle/interpersonelle Wertfindung durchgemacht und scheinen sich auch nicht darum zu bemühen. ‹Ihr herausragendstes Charakteristikum ist ein Mangel an eigenen

---

41 *Meister Eckhart*, Traktat 2, 415.

Überzeugungen und korrespondierend dazu ein Mangel an Besorgtheit darüber.»[42]

Zu den Werten, an denen sich entscheidet, was man dem Menschen zutraut, gehört die Fähigkeit, Position zu beziehen und einen Standpunkt zu vertreten. Das neuzeitliche Postulat der Befreiung von unhinterfragbaren Autoritäten, damit der Mensch es wage, sich seines eigenen Verstandes zu bedienen, wäre auf tragische Weise ins Gegenteil verkehrt, würde die Menschheitsgeschichte in ein Stadium münden, in dem Menschen auf ihre eigene Überzeugung verzichteten bzw. davon keinen Begriff mehr hätten. Nicht Beschneidung der freien Meinungsbildung und -äusserung wäre das Problem, sondern die Unlust und Unfähigkeit dazu.

Obwohl unserer Zeit gelegentlich recht pauschal die Tendenz zum Subjektivismus vorgeworfen wird, wäre es unzutreffend zu denken, dass sich Menschen unbeirrt nur an ihren eigenen Erfahrungen und Einstellungen orientieren. Das Phänomen der Religiosität eignet sich hier als Beispiel recht gut. Individualisierungsthesen korrigierend werden heute auch nicht-institutionelle Formen von Religion als standardisiert erkannt. Die sozialen Bindungen, die mit «universaler Religion» einhergehen, sind weniger definiert, doch gibt es gleichwohl bestimmende Trends und typische Verhaltensmuster, an denen sich Individuen orientieren.[43] Gerade deswegen besteht Anlass zu erinnern, dass die kritische Eigenständigkeit, die als positive Folge der Freisetzung von vorgegebenen Identitätsmustern begrüsst werden kann (siehe S. 93), nur dann real ist, wenn flexiblere Identitätsformen nicht ausschliesslich adaptiv und konformistisch gewählt werden, sondern als souveränes, von eigenen Überzeugungen geleitetes Eintreten in verschiedene Lebenskontexte. Dafür aber braucht es eine gute Portion von Nonkonformismus, mit dem eine Person aus eigener Mitte heraus handelt und sich positioniert. Der amerikanische Essayist Ralph Waldo Emerson (1803–1882) provoziert mit dem Wort: «Wer ein Mensch sein will, der muss Nonkonformist sein.»[44] Für Emerson ist die Einladung zum Nonkonformismus eine Sache religiöser Einstellung. Denn wenn Menschen sich an andere anlehnen, statt ihrem eigenen Weg zu folgen, verraten sie, was Gott durch sie wirken will.

---

42 *Keupp*, Ermutigung 81, mit Zitat von *J. E. Marcia*.
43 Vgl. *Campiche*, Gesichter, v. a. 17–52.
44 *Emerson*, Essays 44.

«Der Mensch ist furchtsam und meint sich ständig entschuldigen zu müssen; er steht nicht mehr aufrecht da; er wagt nicht zu sagen: ‹Ich denke›, ‹Ich bin›, sondern er zitiert irgendeinen Heiligen oder Weisen. Er schämt sich vor dem Grashalm und der blühenden Rose. Die Rosen unter meinem Fenster berufen sich nicht auf frühere oder bessere Rosen; sie geben sich als das, was sie sind; sie existieren heute mit Gott.»[45]

Was Emerson hier beschreibt, ist zugleich Frucht und Instrument einer differenzierten Identitätsarbeit. Das Eigene findet man nicht durch adaptive Übernahme eines fremden Konzeptes, sondern nur durch die Mühe der eigenen Auseinandersetzung mit eigenen Potenzialen wie mit pluralen Kontexten. Die Orientierung an einem so stets neu zu erringendem starken Standpunkt verbietet eine beliebige Pluralität, befähigt aber zugleich dazu, sich auf multiple Herausforderungen einzulassen und daran weiter zu wachsen.

3 Ausblick

Multitasking: wie viele Aufgaben können Menschen gleichzeitig erfüllen? Gibt es Unterschiede zwischen den Geschlechtern? Wie gut kommen die Ergebnisse heraus? Und wie gut kommen die betreffenden Menschen heraus? Das Phänomen ist umstritten. Die Erfahrungen damit wohl auch. Während die eine Person verschmitzt auf einen produktiven Tag zurückblickt, an dem sich jedenfalls dem eigenen Empfinden nach verschiedene Aufgaben ineinander verschlungen stellten und am Ende viel geschafft ist, schaut ein anderer gestresst auf einen solchen Tag zurück und hat den Eindruck, nichts richtig bewältigt zu haben.

Es gäbe noch andere Phänomene, die mit multiplen Herausforderungen von Menschen zu tun haben. Ob «Multikulti» oder Multilingualismus – stets neu stellt sich die Frage nach der Wertung: Bereichert das Nebeneinander verschiedener Kulturen, oder drohen Identitätsverluste? Macht Mehrsprachigkeit in kultureller Hinsicht ortlos, oder schützt es gar vor Alzheimer? Wie steht es noch grundsätzlicher um die Fähigkeit des Menschen zu multipler Daseinsgestaltung? Ist es zutreffend, dass Phänomene, die noch vor Kurzem als Hinweise auf scheiternde Identitätsprojekte galten, heute gesellschaftlich vorteilhaft sind? Haben wir mit Degenerationen zu tun oder mit positiven Entwicklungen? Wenn die Fähigkeit zu pluraler Identitätsgestaltung an sich

---

45 A. a. O. 56 f.

etwas Positives ist, jedoch nicht von allen erreicht wird, ist dann gesellschaftlich gesehen vorprogrammiert, dass (noch mehr) so genannte Schwache auf der Strecke bleiben?

Antworten auf diese Fragen können allenfalls vorläufig gegeben werden. Anliegen der vorausgehenden Ausführungen war es, eine entsprechende Suchbewegung für spiritualitätstheologische Zusammenhänge anzuregen. Auch spirituelle Ideale können und müssen mit einer Entwicklung zu pluraleren Daseinsentwürfen vermittelt werden, wenn sie sich gegenwärtig als Lebensmodell anbieten wollen. Nicht einfach Abweis von pluraler Identität ist angezeigt, sondern – parallel zu humanwissenschaftlichen Disziplinen – die Suche nach Kriterien und nach Ressourcen für deren Gelingen. Die vorliegenden Ausführungen wollen einige Denkanstösse dazu geben.

Literatur

Adorno, Theodor W.: Minima Moralia. Reflexionen aus dem beschädigten Leben. Gesammelte Werke 4, Frankfurt a. M. 2003.

Augustinus: Bekenntnisse. Lateinisch und deutsch. Eingeleitet, übersetzt und erläutert von Joseph Bernhart. Mit einem Vorwort von Ernst Ludwig Grasmück, Frankfurt a. M. 1987.

Bernanos, Georges: Tagebuch eines Landpfarrers. Ein Roman, Einsiedeln [3]2010.

Bours, Johannes: Der Mensch wird des Weges geführt, den er wählt. Geistliches Lesebuch, Freiburg i. Br. [5]1990.

Brantzen, Hubertus: Lebenskultur des Priesters. Ideale – Enttäuschungen – Neuanfänge, Freiburg i. Br. 1998.

Campiche, Roland J.: Die zwei Gesichter der Religion. Faszination und Entzauberung, Zürich 2005.

Eckmann, Dieter: Zweite Entscheidung. Das Zurückkommen auf eine Lebensentscheidung im Lebenslauf, Leipzig 2002.

Emerson, Ralph Waldo: Essays. Erste Reihe, Zürich 1983.

Erikson, Erik H.: Identität und Lebenszyklus. Drei Aufsätze, Frankfurt a. M. 1966.

Frank, Karl Suso: Art. Einsiedler, in: LThK[3] Bd. 3, 557–559.

Frisch, Max: Ich schreibe für Leser, in: *ders.:* Mein Name sei Gantenbein u. a. Gesammelte Werke in zeitlicher Folge 5, Frankfurt a. M. 1976.

Genazino, Wilhelm: Der gedehnte Blick, München 2007.

Grün, Anselm: Die Wunde, die mich aufbricht – die Wunde als Chance, in: *Grün, Anselm/ Müller, Wunibald:* Was macht Menschen krank, was macht sie gesund?, Münsterschwarzach 2009, 45–67.

Henrich, Dieter: Bewusstes Leben. Untersuchungen zum Verhältnis von Subjektivität und Metaphysik, Stuttgart 2008.

Hiestand, Franz-Xaver: Film-Exerzitien – ein moderner Weg, um sich von Jesus formen zu lassen, in: Ordenskorrespondenz 50 (2009) 333–337.

Horkheimer, Max/Adorno, Theodor W.: Dialektik der Aufklärung. Philosophische Fragmente. Gesammelte Werke 3, Frankfurt a. M. 2003 ([1]1969).

Ignatius von Loyola: Der Bericht des Pilgers, in: *ders.:* Gründungstexte der Gesellschaft Jesu. Deutsche Werkausgabe 2, Würzburg 1998, 1–84.

Ignatius von Loyola: Geistliche Übungen, in: *ders.:* Gründungstexte der Gesellschaft Jesu. Deutsche Werkausgabe 2, Würzburg 1998, 85–269.

Jacobs, Christoph: Darf ein Priester glücklich werden? Salutogenese: Eine neue Perspektive für die Gesundheit von Priestern und Ordensleuten, in: Diakonia 29 (1998) 182–189.

Keupp, Heiner: Ermutigung zum aufrechten Gang, Tübingen 1997.

Keupp, Heiner u. a.: Identitätskonstruktionen. Das Patchwork der Identitäten in der Spätmoderne, Hamburg [3]2006.

Keupp, Heiner: Vom Ringen um Identität in der spätmodernen Gesellschaft. In diesem Band, 13–40.

Kraus, Wolfgang: Das erzählte Selbst. Die narrative Konstruktion von Identität in der Spätmoderne, Herbolzheim [2]2000.

Luther, Henning: Religion und Alltag. Bausteine zu einer Praktischen Theologie des Subjekts, Stuttgart 1992.

Marquard, Odo: Lob des Polytheismus, in: *Höhn, Hans-Joachim (Hg.):* Krise der Immanenz. Religion an den Grenzen der Moderne, Frankfurt a. M. 1996.

Meister Eckhart: Traktat 2. Reden der Unterweisung 22, in: *ders.:* Werke Bd. 2. Texte und Übersetzungen von Josef Quint, Frankfurt a. M. 1993, 334–433.

Müller, Klaus: Glauben – Fragen – Denken. Bd. 1: Basisthemen in der Begegnung von Philosophie und Theologie, Münster 2006.

Müller, Wunibald: Eine Spiritualität wie ein Baum, verwurzelt im Boden und ausgestreckt zum Himmel, in: *Grün, Anselm/Müller, Wunibald:* Was macht Menschen krank, was macht sie gesund?, Münsterschwarzach 2009, 13–40.

Ratzinger, Joseph: Identifikation mit der Kirche, in: *ders./Lehmann, Karl:* Mit der Kirche leben, Freiburg i. Br. 1977, 11–40.

Ruhstorfer, Karlheinz: Das Prinzip ignatianischen Denkens. Zum geschichtlichen Ort der «Geistlichen Übungen» des Ignatius von Loyola, Freiburg i. Br. 1998.

Tellechea, Ignacio: Ignatius von Loyola. «Allein und zu Fuß». Eine Biographie, Zürich 1998.

Thomä, Dieter: Erzähle dich selbst. Lebensgeschichte als philosophisches Problem, Frankfurt a. M. 2007.

Thomas, Heinz: Jeanne d'Arc. Jungfrau und Tochter Gottes, Berlin 2000.

Walter, Silja: Die Beichte im Zeichen des Fisches. Ein geistliches Tagebuch, in: *dies.:* Gesamtausgabe. Bd. 6: Prosa 1, Freiburg i. Ue. 2001, 215–337.

Wellershoff, Dieter: Die Verneinung als Kategorie des Werdens, in: *Weinrich, Heinrich (Hg.):* Positionen der Negativität, München 1975, 219–233.

Wilkinson, Gertrude: Ein zweites Mal, in: Beten durch die Schallmauer. Impulse und Texte, Düsseldorf [7]1992 ([1]1986), 40.

Konfessionen und Religionen als Heimat – heute noch?

Johannes Flury

Der Titel könnte dazu einladen, eine klassische Gegenüberstellung von früher und heute zu entwickeln. Wie üblich wäre früher dann mit besser, heute mit schlechter gleichzustellen. Ich werde versuchen, dem zu entgehen, denn eine Art von Verfallsgeschichte zu schreiben, liegt mir fern.

Der Titel könnte weiter dazu einladen, eine Begriffsgeschichte und -klärung von Konfession, Religion und Heimat vorzutragen, alle drei Begriffe nicht gerade Musterbeispiele von Klarheit, und dann lauert gleichsam im Hintergrund noch der Identitätsbegriff. All dies würde längere und mühsame Arbeit an diesen drei Grössen: Konfession – Religion – Heimat erfordern. Ich schlage vor, ein Alltagsverstehen einmal vorauszusetzen, das mit den folgenden Ausführungen genauer konturiert werden soll.

Ich möchte in einem ersten Teil Konkretionen ganz verschiedener Art analysieren, besonders aus der Frömmigkeitsgeschichte. Ich will dann zeigen, wie die Selbstverständlichkeit vor gut hundert Jahren Risse bekam und die Konfession zum Konfessionalismus wurde. Ein weiteres Kapitel soll dann den Wechsel hin zur bewussten Entscheidung beleuchten. «Jede(r) ein Sonderfall» ist hier das Stichwort. Dass Heimat auch in religiöser Hinsicht zum Erlebnis, zur Inszenierung gemacht wird, ist Thema eines weiteren Kapitels, bevor ich zu abschliessenden Folgerungen für Kirche und Schule komme. In all dem ist es wichtig, dass Sie als Leserin, als Leser immer versuchen, das Gesagte mit Ihrer eigenen Situation, mit der Situation Ihrer Eltern und Grosseltern und wiederum mit der Ihrer Kinder zu vergleichen. Wenn Begriffe wie Religion und Heimat im Spiel sind, handelt es sich durchwegs um sehr persönliche Themen, die notwendig auf ihren Erfahrungsgehalt abzuklopfen sind.

1 Konkretionen

1.1 Heimat im Kirchenlied

Eine unschätzbare Quelle für die Frömmigkeitsgeschichte ist das Kirchenlied.[1] Es erlaubt uns einen direkten Einblick ins religiöse Erleben und Verarbeiten unserer Vorfahren. Es ist nun interessant festzustellen, dass der Gegenbegriff zu Heimat (bzw. Vaterland) gerade nicht *die Fremde* ist, sondern *das Elend*. Klassisch in einem Text von 1622 (Nr. 361.6):

«Hier leiden wir die grösste Not, vor Augen steht der ewig Tod. Ach komm, führ uns mit starker Hand vom Elend zu dem Vaterland.»

Nicht anders im umfangreichen Werk von Paul Gerhardt, nur wenig später (Nr. 400.2):

«Heute geht aus seiner Kammer Gottes Held, der die Welt reisst aus allem Jammer. Gott wird Mensch: dir, Mensch, zugute, Gottes Kind, das verbindt sich mit unserm Blute.»

Geprägt durch seine Erfahrungen des 30-jährigen Krieges ist es verständlich, dass von Gerhardt das irdische Jammertal der himmlischen Heimat gegenüberstellt (Nr. 548.2+3):

«Wir gehn dahin und wandern von einem Jahr zum andern; wir leben und gedeihen vom alten zu dem neuen durch so viel Angst und Plagen, durch Zittern und durch Zagen, durch Krieg und grosse Schrecken, die alle Welt bedecken.»

Demgegenüber dann die himmlische Sphäre (Nr. 548.14+15):

«Und endlich, was das Meiste: Füll uns mit deinem Geiste, der uns hier herrlich ziere und dort zum Himmel führe. Das wollest du uns allen nach deinem Wohlgefallen, du unsres Lebens Leben, zum neuen Jahre geben.»

Heimat = Himmel = Beständigkeit wird dem aktuellen Zustand = Kummer = zerrinnender Sand gegenübergestellt (Nr. 678.9):

«Was sind diese Lebensgüter? Eine Hand voller Sand, Kummer der Gemüter. Dort, dort sind die edlen Gaben, da mein Hirt, Christus, wird mich ohn Ende laben.»

Eines der späten Gedichte Paul Gerhardts fasst dies exemplarisch zusammen (Nr. 753.1):

---

1   Alle Nummern beziehen sich auf das Gesangbuch der evangelisch-reformierten Kirchen der deutschsprachigen Schweiz RG von 1998.

«Ich bin ein Gast auf Erden und hab hier keinen Stand; der Himmel soll mir werden, da ist mein Vaterland. Hier reis ich bis zum Grabe; dort in der ewgen Ruh ist Gottes Gnadengabe, die schliesst all Arbeit zu.»

1.2   Heimat in Hausinschriften

Eine weitere häufig übersehene Quelle für die Frömmigkeitsgeschichte sind die Hausinschriften, die in einigen Gemeinden Graubündens sehr häufig zu sehen sind. Wenn ich auf das Prättigau rekurriere, dann nicht nur aus Lokalpatriotismus, sondern weil es zu dieser Talschaft ein Standardwerk gibt, das mit Akribie alle Inschriften und die jeweiligen Autoren gesammelt hat, wobei als ebenso wichtig wie der ursprüngliche Schöpfer der Inschrift der Bauherr anzusehen ist.[2]

In der ersten Hälfte des 19. Jahrhunderts ging eine zweite Welle des Pietismus durch die Schweiz, die so genannte Erweckung. (Das ist übrigens die Bewegung, die sich scharf gegen das eben erst entstandene Zürcher Lehrerseminar in Küsnacht wandte, dem progressiv-atheistische Tendenzen nachgesagt wurden, und in Gegenbewegung dazu kam es zur Gründung von Institutionen wie den Lehrerausbildungsstätten Schiers, Unterstrass und Muristalden.) Diese Bewegung findet sich an nicht wenigen Prättigauer Hauswänden dokumentiert.

Zwei Beispiele:
«Hier ist nur mein Prüfungsstand. Hier ist nicht mein bleibend Erbe, dort, dort ist mein Vaterland das ererb ich wenn ich sterbe.» (Jenaz, 1839 Nr. 408 bei Rüegg).

Und ganz ähnlich, vier Jahre später:
«Hier wohn' ich nur im Pilgerlande, In Hütten die doch bald vergehn, Der Bau von Gott im Vaterlande, wird ewig wie mein Geist bestehn, Herr, zeige mir in Gnaden an, Wie ich dahin gelangen kann.» (Jenaz, 1843 Nr. 423 bei Rüegg).

Auch hier wieder deutlich sichtbar: Die eigentliche Heimat ist nicht das eben gebaute oder erneuerte Haus, wie es sich eigentlich anböte. Fast beschwörend wird darauf hingewiesen, diesen «Normalweg» nicht zu beschreiten, sondern

---

2   Vgl. *Rüegg*, Haussprüche.

irdisches Gut als vergängliches Gut einzustufen und sich nicht darauf zu verlassen. Die Versuchung liegt nahe, wenn man sich die beiden für die damalige Zeit stattlichen Häuser anschaut.

Ein kleiner Ausflug in die gleiche Richtung: Zweihundert Jahre früher lässt John Milton sein berühmtes Gedicht «Paradise Lost» so enden:

> «Sie [sc. Adam und Eva] vergossen einige natürliche Tränen, wischten sie jedoch bald weg. Vor ihnen lag die ganze Welt, in der sie sich den Ort, wo sie sich zur Ruhe setzen wollten, auswählen konnten, und die Vorsehung war ihr Führer. Hand in Hand, mit unsicheren, langsamen Schritten nahmen sie ihren einsamen Weg durch Eden.»

Spürt man nicht durch die Trauer hindurch die Freude, nun die ganze Welt zur Gestaltung vor sich zu haben? Das verlorene Paradies wird durch eine grosse Aufgabe ersetzt. Diese könnte sich leicht zu einem wiedergefundenen Paradies wandeln, und das ist ja dann auch sowohl im Puritanismus (ihm ist Milton zuzurechnen) wie im Pietismus geschehen. Die himmlische Heimat wird zwar beschworen, aber man hat sich doch gar nicht schlecht im irdischen Jammertal einzurichten gewusst.

Und an einer Pädagogischen Hochschule sei es erlaubt darauf hinzuweisen, dass es Passagen in Jean-Jacques Rousseaus «Émile» gibt, die in säkularisierter Form Miltons «Paradise Lost» wieder aufnehmen. Das Werden der Identität des neuzeitlichen Individuums ist spannungsgeladen inmitten von religiösen, philosophischen und pädagogischen Impulsen anzusiedeln. Diese auseinanderzuhalten bzw. auseinanderzudividieren, ist weder möglich noch wäre es sachgerecht.

1.3   Die (enge) Heimat der konfessionellen Sozialisation

Im Jahr 2000 hat Roland Kuonen eine konzise und überaus detailreiche Beschreibung seiner katholisch geprägten Heimat – in jeder Hinsicht des Wortes – veröffentlicht unter dem lapidaren Titel: «Gott in Leuk». Der Untertitel erläutert sein Vorhaben: «Von der Wiege bis ins Grab – die kirchlichen Übergangsrituale im 20. Jahrhundert».

Kuonen liefert uns eine sprechende Beschreibung einer zwar auch nach Meinung der Interviewten sehr engen, aber überaus wohlgeordneten Welt, in der die Kirche eine stützende, gestaltende, aber auch kontrollierende Funktion wahrnimmt. Die Kirche ist nicht nur Gestalterin des Alltags, sie ist ebenso Schutzmacht über die Schule. Die Beichte als Beispiel ist direkt mit dem Schulunterricht verbunden. Lehrer üben mit den Klassen die Erstbeichte ein. Die Klassen gehen geschlossen zur vierzehntäglichen Beichte, ihre Lehrpersonen begleiten sie. Wie genau alles geregelt war, zeigt diese Episode:

«Wer am Sonntag nicht an den religiösen Veranstaltungen teilnahm, wurde tags darauf in der Schule zur Rechenschaft gezogen. Frau A. sagte, sie werde nie vergessen, dass die Lehrerin ihr nicht erlaubt hätte, an einem Sonntagnachmittag ihren Vater zu besuchen, der infolge Krankheit in einem Sanatorium war. Begründung war, die Vesper dürfe nicht ausgelassen werden.»[3]

Eine von den Betroffenen oft als zu eng eingeschätzte Welt, die aber zugleich in allen Wechselfällen des Lebens Heimat und Halt bot, auch wenn man hie und da gerne auf diese spezielle Art der Heimat verzichtet hätte. Kuonen beschreibt eindrücklich, wie sehr die in Leuk katholisch bestimmte Welt bis in die zweite Hälfte des letzten Jahrhunderts hinein die fraglos einzig bestimmende, ja, vorhandene Welt war. Er beschreibt aber auch – und das wird uns im kommenden Kapitel beschäftigen –, wie vollständig und vor allem mit welcher Schnelligkeit diese Welt dann in wenigen Jahren zusammenbrach. Hätte ein Zusammenleben von Mann und Frau ohne kirchlichen Segen noch 1960 den sozialen Ausschluss (= Verlust der Heimat) zur Folge gehabt, wurde dies innert weniger Jahre zur diskussionslos möglichen Lebensform. Dieses Beispiel lässt sich leicht auf andere Gebiete des sozialen Gefüges erweitern. Es zeigt auch, welche Anpassungsleistungen die Generation mit Jahrgang 1920–1940 zu erbringen hatte. Für sie änderten sich nicht weniger als nahezu alle Koordinaten des täglichen Lebens.

2 Von der Selbstverständlichkeit zum Zwang der Entscheidung

Ein grosser Vorteil – und ein immenser Nachteil in anderer Sicht – war die Tatsache, dass viele Entscheidungen gar nicht zu treffen waren, sie waren durch die Sozialisationsmächte schon längst getroffen und in der Folge ein-

---

3 *Kuonen*, Gott in Leuk 127.

fach umzusetzen. Natürlich war es möglich, dagegen anzugehen, aber das hiess in den meisten Fällen, sich zu isolieren und damit die fraglos vorgegebene Heimat gegen eine mühsam zu erschaffende Heimat umzutauschen. Diese Anstrengung nicht einmal, sondern Tag für Tag zu leisten und die Konsequenzen zu ertragen, wurde nur von ganz wenigen erbracht. Für die meisten lag sie völlig ausserhalb des Denkmöglichen.

Die protestantisch geprägte Welt hatte diese Erschütterung einige Jahrzehnte früher erlebt. Die Kirche hatte schon seit Jahren nicht mehr die gleiche Definitionsmacht, die Konfession wurde vor allem durch das «Bekenntnis» zusammengehalten, nicht katholisch zu sein. Die Gemeinschaft kannte sehr ähnliche Verhaltensregeln wie auf der katholischen Seite, sie waren aber weniger direkt religiös-kirchlich definiert. Sich dagegen aufzulehnen, war mehr ein Akt zivilen Ungehorsams als eine Sünde wider den Ewigen oder das Ewige.

Peter L. Berger, ein amerikanischer Soziologe, hat in der zweiten Hälfte des vergangenen Jahrhunderts schon recht früh diese Existenzform beschrieben. In den USA, mit einerseits klarer Trennung von Kirche und Staat und umgekehrt pointiertem Einbezug der religiösen Gemeinschaft auch ins politische Leben, dominierte sie seit der Mitte des 20. Jahrhunderts das soziale Leben. Bergers Kurzformel ist zum Schlagwort geworden: Der Zwang zur Häresie (englischer Originaltitel: The heretical imperative).[4] Häresie meint hier das Zusammenstellen seiner eigenen Form von Wert- und Glaubensgefüge, weil die Übernahme eines gefügten Korpus gar nicht mehr denkbar ist. Da dieses Korpus, aus welchen Gründen auch immer, nicht mehr zur Verfügung steht, muss der Einzelne wählen. Er steht unter Zwang, sich seine Religion selbst zu «basteln». Auch die Weigerung zu wählen ist immer noch eine Wahl, denn der Betreffende ist gezwungen, sich in vielen Fragen des täglichen Lebens irgendwie zu verhalten, und dieses Verhalten hat, ob er will oder nicht, ob er sich dessen bewusst ist oder nicht, auch eine religiöse Komponente. Das Individuum wird zum Schöpfer seiner eigenen religiösen Heimat, religiösen Identität, nicht im Sinne eines prometheischen Aktes, in dem er sich gegen den/die Schöpfer auflehnt, sondern aus einer puren Notwendigkeit heraus, weil die vorgefertigten festen Muster zur Übernahme gar nicht mehr zur Verfügung stehen.

In den achtziger und neunziger Jahren des letzten Jahrhunderts sind die Thesen von Berger dann in grossen Untersuchungen in der Schweiz bestätigt und teilweise modifiziert worden. Der Lausanner Religionssoziologe Campi-

---

4 Vgl. *Berger*, Zwang.

che leitete damals eine umfassende Befragung. Sein darauf basierendes Werk weist schon im Titel auf die Ergebnisse voraus: «Jede/r ein Sonderfall?»[5] Der Antagonismus des Titels ist Programm: Wenn Jede/r ein Sonderfall ist, dann ist der Sonderfall der Normalfall, das Alltägliche, und der frühere Normalfall, die selbstverständliche Übernahme geformter Identität, ist zum Sonderfall geworden. Wenn dem so ist, dann liegt der Begründungszwang auf einmal nicht mehr bei der Abweichung, weil zum Normalfall geworden, sondern beim früheren Normalfall, der unterdessen Seltenheitswert gewonnen hat. Konkret muss heute eine Zugehörigkeit zu einer religiösen Gemeinschaft, ja, sogar zu einer der Grosskirchen argumentativ erläutert werden, die reine Tradition wie noch vor wenigen Jahren genügt als selbstverständlicher Begründungszusammenhang nicht mehr.

Was weiter aus diesen Untersuchungen hervorgeht, ist ein Phänomen, das unter Religionssoziologen gewöhnlich unter dem Begriff Patchwork-Religion verhandelt wird. Gemeint ist das Kombinieren ganz verschiedener Elemente: Mutter Teresa neben dem Dalai Lama, Schamanismus kombiniert mit hinduistischen Wiedergeburtsvorstellungen und christlichem Auftrag zur Nächstenliebe. Während in der Leuker Untersuchung die freie Entscheidung vorerst vor allem den Sektor der Lebensgestaltung betraf, die aus dem Gestaltungsbereich der Kirche in die eigene Gestaltung übernommen wurde, so betrifft dies nun auch den ideologischen Bereich. Hier wird das gleiche Prinzip der eigenen Gestaltung umgesetzt, und was nun auffällt, ist die fast durchgehende soziale Akzeptanz dieser eigenen Gestaltung. Tibetische Gebetsfahnen können ein Haus in einem kleinen Bündner Dorf schmücken, ohne dass dies zu gesellschaftlicher Ächtung führen würde.

Das alles klingt sehr positiv. Es ist aber nötig, auf den damit verbundenen Aufwand hinzuweisen. Sehr vieles ist, wie gesagt, in den Bereich der freien Entscheidung und Gestaltung übergegangen – nun muss es aber auch entschieden und gestaltet werden. Das bedingt nicht wenige Gespräche zwischen Partnern, zwischen Generationen, und diese Gespräche sind aufwändig und nicht selten ausnehmend schwierig. Sich eine Heimat und eine Identität zusammenzustellen und diese umzusetzen, ist ein mühsamer Prozess. Die

---

5 Vgl. *Campiche/Dubach*, Sonderfall. Die französische Version «Croire en Suisse(s)» ist in der Analyse nicht einfach eine Übersetzung. Dazu ist der Sammelband zum NFP 21 zu vergleichen: *Campiche*, Religion.

Werbepsychologie hat festgestellt, dass ein Angebot mit ca. 6 bis 8 Wahlmöglichkeiten als angenehm eingeschätzt wird. Was darüber hinausgeht, wird als Last empfunden, und der Konsument versucht in aller Regel, der Entscheidung auszuweichen. Das ist in Sachen Religion nicht anders. Wer sich in einer Buchhandlung einmal im entsprechenden Sektor umschaut, gerät in Anfälle schierer Hilflosigkeit. Und in einer solchen Situation den eigenen Kindern oder anderen Heranwachsenden Rede und Antwort zu stehen, wird zum bald einmal überfordernden Abenteuer.

Was sich klar nicht erfüllt hat, war die stillschweigende Annahme, dass sich die europäische Form der Patchwork-Religion, als strikte auf den privaten individuellen Bereich bezogene Form, mit zunehmender Säkularisierung weltweit durchsetzen würde. Europa musste um die Jahrtausendwende leicht erstaunt und irritiert zur Kenntnis nehmen, dass der europäisch postulierte Normalfall weltweit der Sonderfall war und dass der sich verbreitende westliche Lebensstil nicht zwingend mit dem Rückzug des Religiösen in die strikt persönliche oder familiale Sphäre verbunden war und ist. Dies wird uns weiter unten noch beschäftigen müssen.

3   Religion als Erlebnis

Im Hintergrund dieses Kapitels stehen die Arbeiten des Bamberger Kultursoziologen Gerhard Schulze. Sein Hauptwerk «Die Erlebnis-Gesellschaft» ist nach seinem Erscheinen in kurzer Zeit zum Klassiker geworden. Die nachfolgenden Werke «Die beste aller Welten» und – für unser Thema bedeutsam – «Die Sünde» sind weiterführende Konkretionen seines Ansatzes.[6]

Schulze geht davon aus, dass die Gesellschaft an der Jahrtausendwende in einer Art Ästhetisierung des Alltags das Leben zu einer Abfolge von herausgehobenen Ereignissen machen möchte. Insbesondere die neben der durchgeplanten Arbeitszeit verbleibende freie Zeit wird inszeniert, ja, steht unter dem Druck, als Erlebnis gestaltet werden zu müssen. (Nicht selten wird der Anspruch auch auf die Arbeitswelt ausgedehnt.) Die Beispiele liegen auf der Hand. Gab es etwa bis vor wenigen Jahren schichtspezifische Drehbücher, wie

---

6   Vgl. *Schulze*, Erlebnis-Gesellschaft; *ders.*, Welten; *ders.*, Sünde. Schulzes Ansatz ist meines Erachtens für die Pädagogik und die Praktische Theologie von grosser Bedeutung, und damit besonders für die Religionspädagogik als eine auf der Schnittstelle befindliche Wissenschaft.

eine Hochzeit abzulaufen habe, soll sie heute nicht nur in der Oberschicht zu einem unvergesslichen Ereignis gestaltet werden. Natürlich war auch früher eine Menge an Organisation damit verbunden, aber die gedankliche Arbeit bezog sich in erster Linie auf das reibungslose Ablaufen des Üblichen. Heute ist kein vorgegebenes Modell verfügbar, bzw. dies würde als hoffnungslos veraltet angesehen werden, somit muss das Ereignis überhaupt erst konzipiert werden. Damit ist eine Menge von Entscheidungen verbunden, die sich so noch vor wenigen Jahren gar nicht gestellt haben: Sollen wir überhaupt heiraten? Kirchlich heiraten? Sollen die Familien dabei eine Rolle spielen? Festlich-feierlich oder ungezwungen-leger? Etc.

Je mehr Gedankenarbeit in das Erlebnis investiert wird, desto grösser das Gewicht, womit es befrachtet wird. Wie bei jeder Inszenierung: Die Bedeutung der Premiere wächst mit dem Gewicht der vorangegangenen Arbeit. Im Unterschied zum Theater, wo in den Aufführungen noch am Stück gearbeitet werden kann, wird das Erlebnis in seiner Einmaligkeit mit einer Bedeutung befrachtet, die es häufig gar nicht tragen kann. Die Schaffung der Identität wird damit zum Projekt (pro-jet – zu etwas, was ich «vor mich her» gestalten muss), zu einer Abfolge von bewusst inszenierten Erlebnissen, die nur gelingen und auf keinen Fall misslingen dürfen. «Das Projekt des schönen Lebens entpuppt sich als etwas Kompliziertes – als Absicht, die Umstände so zu manipulieren, dass man darauf in einer Weise reagiert, die man selbst als schön reflektiert.»[7] Während in der vorgegebenen Normalität ein gewisses Mass an Scheitern vorausgesetzt, aber dann auch nicht derart tragisch war, ist das Erlebnis zum Gelingen verurteilt bzw. wird das Nicht-Einhalten-Können des Drehbuchs als Katastrophe erlebt. Zum Glück ist der Mensch so strukturiert, wie es im Zitat von Schulze angedeutet wird, dass er fähig ist, das Erlebnis, wie es denn auch sein mag, als gelungenes Erlebnis zu interpretieren.

Es genügt ein Blick auf das kirchliche Angebot, um zu sehen, in welchem Ausmass sich die Kirchen in diese Richtung bewegt haben bzw. bewegen. Es ist das Besondere, das Herausgehobene, das speziell Gestaltete, das auf Kosten des rituell Gleichen an Bedeutung gewonnen hat. Die Frage ist dann, ob dies, und wenn ja, wie, zur Bewältigung des Alltags beitragen kann. Oder anders gefragt: Wenn der Alltag nicht als solcher lebenswert ist, sondern nur durch die eingestreuten Farbtupfer, wie verändern sich dann Begriffe wie Heimat,

---

7 *Schulze*, Erlebnis-Gesellschaft 35.

wie Identität? Wenn Lucy bei den Peanuts von Charles Schultz ausruft, sie wolle Höhepunkte und nur Höhepunkte, was heisst das für das Erleben und das Gestalten des täglichen Lebens?

Nebenbei gesagt: Es lohnt sich, die heutige Schule und die Erwartungen an sie einmal auch unter diesem Gesichtspunkt zu betrachten. Wird nicht stillschweigend oder hie und da ganz explizit von den Eltern erwartet, dass die Schule für die Kinder zum Erlebnis wird? Was geschieht, wenn sich die Schule diesem Anspruch beugt und ihm zu entsprechen versucht?

Es hat sich gezeigt, dass Religion/Konfession nicht mehr in den Kategorien des Vorgegebenen rangiert, dass sie bewusst gewählt wird bzw. werden muss und dass sie, wenn sie mehr als eine Formalität sein soll, als bewusstes Erlebnis inszeniert wird. Da sie dies mit anderen Gebieten unseres Lebens teilt – der politischen Ausrichtung, der Ausbildung, der Freizeit, der Partnerschaft, der Familie –, wird das Schaffen einer konsistenten Heimat zu einer aufwändigen, grosse gedankliche und zeitliche Investitionen erfordernden Angelegenheit. Und da im Begriff Heimat auch vorausgesetzt wird, dass diese Heimat mit andern geteilt wird, diese gerade einen zentralen Teil der Heimat ausmachen, kann mit Fug und Recht gefragt werden, ob bei einem solchen Konstrukt noch von Heimat gesprochen werden kann oder ob es nicht auch hier höchstens zu einem Patchwork von Heimat kommen muss.

4   Die heutige Rolle von Religion/Konfession

Wenn nun das, was ich oben ausgeführt habe, mindestens in Teilen plausibel ist, dann muss sich die Frage stellen, wie weit in der Bildung von Heimat, von kollektiver, nicht nur individueller Identität, Religion noch eine Rolle spielen kann.

Sie spielt zum einen eine gewichtige, allerdings nicht eben positive Rolle dort, wo sie nicht wenigen Zeitgenossen den Sprung weg von der Anstrengung in Richtung einer eigenen Schöpfung hin zum vorgefertigten Muster erlaubt. In allen Religionen haben heute Gruppen Zulauf, die ein festes Wertgefüge und darauf aufbauend klare Handlungsanweisungen und -muster anbieten. Sie ersparen viel Arbeit, vor allem viel Denkarbeit. In nicht wenigen Religionen stellen wir deshalb auch fest, dass klar umgrenzte «Konfessionalismen» wieder zunehmen: der Wahabismus und der Salafismus im Islam, fundamentalistische Gruppen im Judentum, traditioneller Katholizismus und evangelikale Gruppen im Christentum.

Wenn wir diesen Weg nicht beschreiten wollen, müssen wir akzeptieren, dass eine Übernahme eines gefügten Korpus von Werthaltungen, wie es zum Beispiel in der christlichen Dogmatik vorliegt, heute schlicht nicht mehr denkbar ist. Wir sollen uns damit abfinden, dass nicht mehr Systeme, sondern in erster Linie Versatzstücke gefragt sind.

Was können in dieser Situation Kirchen und Schule überhaupt noch leisten? Meines Erachtens können sie «Sinn und Geschmack für die Unendlichkeit» wecken. Diese Formel hat schon bald 200 Jahre Geschichte hinter sich, sie stammt vom Theologen Friedrich D.E. Schleiermacher zu Beginn des 19. Jahrhunderts.[8] Mich beeindruckt, wie die Formel Abschied nimmt vom rein Gedanklichen und mit «Sinn und Geschmack» das Sinnenhafte, Körperliche betont. Die oben genannten Versatzstücke können dann das Motorisch-Meditative betonen wie bei einer Wallfahrt (Jakobsweg etc.), das Seherlebnis wie es in Waltensburg, Rhäzüns oder in der Churer Kathedrale geschehen kann, oder, mir naheliegend, das Hören und Mitgestalten einer Bach-Passion oder eines Werkes von Arvo Pärt. In jedem Fall wird das Alltägliche nicht weggewischt, sondern geweitet und vertieft zum Erfahren und Schmecken der Transzendenz.

Vielleicht ist eine der Hauptaufgaben heutiger Vermittlung von Religion, einerseits die Basis für solche Erfahrungen zu legen, andererseits darauf hinzuweisen – wie die zitierten Hausinschriften das tun –, dass das Sich-Einrichten in einer fest gefügten Welt, und sei sie noch so religiös bestimmt, dem Charakter des Vorläufigen, das zumindest die christliche Religion prägt, gerade widerspricht. Wir können nicht leben, ohne uns immer wieder einzurichten. Das notwendige Fragezeichen dahinter nicht zu übersehen («haben, als hätte man nicht», vgl. 1 Kor 7,29), genau dies ist der Kern der christlichen Botschaft. Auf eine Kurzformel gebracht: Religion kann Heimat schaffen bzw. kann mithelfen, diese sich zu schaffen. Und Religion erschüttert sie immer wieder. Diese Ambivalenz ist nötig, heute mehr denn je.

Peter L. Berger weist in diesem Zusammenhang dem Humor eine wichtige Funktion zu. Im befreiten Lachen, das ganz auf den Augenblick gerichtet ist, sieht er ein Ergreifen eines Moments der Transzendenz und damit

---

8   *Schleiermacher*, KGA I/2 212. Die ganze Stelle im Wortlaut der 3. Auflage von 1821: «Wahre Wissenschaft ist vollendete Anschauung; wahre Praxis ist selbsterzeugte Bildung und Kunst; wahre Religion ist Sinn und Geschmack für das Unendliche».

ineins einen Moment der Erschütterung der Sicherheit. Und so will ich mit einem kleinen Erlebnis schliessen, das mir in meiner ersten Tätigkeit als Pfarrer im Unterengadin passiert ist. Ich muss vorausschicken, dass sich damals in Sent alle Beerdigungen auf dem Friedhof rings ums offene Grab abspielten, ob 30 Grad plus oder 15 Grad minus. So stehe ich am offenen Grab, gegenüber auf der anderen Seite des Grabes die engsten Angehörigen, rings um uns die teilnehmende Gemeinde. Ich bin mitten in einem Gebet, da kommt ein Windstoss, nimmt das Blättchen, von dem ich gerade ablese, mit und platziert es mir vor die Füsse. Als ich mich diskret und weiter redend bücke, um es zu ergreifen, folgt ein zweiter Windstoss und nimmt meine Vorbereitung ganz sacht ins Grab hinab. Nur die engsten Angehörigen haben die Szene gesehen. Sie ist von einer solchen Komik, dass wir uns anschauen und wissen, wenn jetzt jemand auch nur zu lächeln beginnt, dann prusten wir alle los, rings ums offene Grab mit all seiner Traurigkeit – für alle ringsherum, die nichts mitbekommen haben, ein Skandal erster Güte. Ich habe mich bemüht weiterzumachen ohne Vorbereitung, und sie haben ihre Fassung wieder gefunden. Nachher haben wir uns darüber noch unterhalten und haben beide, Trauerfamilie und ich, das wie einen Fingerzeig Gottes empfunden. Mitten in der grossen Trauer, am offenen Grab, setzt sich das Lachen, das Leben durch. Sinn und Geschmack fürs Unendliche, sagt Schleiermacher.

Literatur

Berger, Peter L.: Der Zwang zur Häresie. Religion in der pluralistischen Gesellschaft, Frankfurt a. M. 1980.

Berger, Peter L.: Sehnsucht nach Sinn. Glauben in einer Zeit der Leichtgläubigkeit, Frankfurt a. M./Gütersloh 1994 u. ö.

Campiche, Roland (Hg): Schweizerische Zeitschrift für Soziologie vol. 17/3 Sonderheft: Religion und Kultur, Zürich 1991.

Campiche, Roland/Dubach Alfred: Jede/r ein Sonderfall? Religion in der Schweiz: Ergebnisse einer Repräsentativbefragung, Zürich/Basel 1993 (frz. unter dem Titel: Croire en Suisse(s), Lausanne 1992).

Kuonen, Roland: Gott in Leuk. Von der Wiege bis ins Grab – die kirchlichen Übergangsrituale im 20. Jahrhundert, Freiburg i. Ue. 2000.

Rüegg, Robert: Haussprüche und Volkskultur. Die thematischen Inschriften der Prättigauer Häuser und Geräte, Kirchen und Glocken, Bilder und Denkmäler, Basel 1970.

Schleiermacher, Friedrich Daniel Ernst: Über die Religion. Reden an die Gebildeten unter ihren Verächtern, Berlin ³1821; Kritische Gesamtausgabe Bd. I/2 Berlin/New York 1980 ff.

Schulze, Gerhard: Die Erlebnis-Gesellschaft. Kultursoziologie der Gegenwart, Frankfurt a. M. 1992.

Schulze, Gerhard: Die Sünde. Das schöne Leben und seine Feinde, München/Wien 2006.

Schulze, Gerhard: Die beste aller Welten. Wohin bewegt sich die Gesellschaft im 21. Jahrhundert?, München 2003.

Einführung des Faches «Ethik und Religionen» im Kanton Luzern – Ein Werkstattbericht[1]

Dominik Helbling

Die Einführung des Faches «Ethik und Religionen» (E+R) im Kanton Luzern neigt sich dem vorläufigen Ende zu. Von 2005–2011 wurde das bekenntnisunabhängige Schulfach in der 1.–6. Primarklasse installiert, wurden Lehrpersonen weitergebildet und Lernmaterialien bereitgestellt. Der Lehrplan wurde gemeinsam mit den Kantonen Uri, Zug, Ob- und Nidwalden konzipiert und im Jahr 2005 veröffentlicht.[2] Er hat zum Ziel, alle Lernenden mit elementaren Fähigkeiten und Inhalten aus Ethik und Religionskunde vertraut zu machen, und löst den früheren Bibelunterricht ab. Andere Kantone haben in den letzten Jahren vergleichbare Entwicklungen durchlaufen.[3]

Ein Projektabschluss ist immer Anlass zur Standortbestimmung und zum Ausblick in die Zukunft. Daraus sollen einerseits Erkenntnisse für die Nachbetreuung gewonnen, andererseits Know-how für die Durchführung ähnlich gelagerter neuer Projekte gesichert werden. Eine ausführliche Evaluation der Einführung wurde im Winter 2010/11 durchgeführt, die Resultate wurden im Sommer 2011 präsentiert.[4] Der vorliegende Beitrag hat deshalb Form und Funktion eines Werkstattberichts und ist gewissermassen vorläufig: Er blickt zurück auf das Projekt und formuliert Thesen zu Gelingensbedingungen und Stolpersteinen, die zu berücksichtigen aus meiner Optik hilfreich sein könnten, wenn in den kommenden Jahren auch im Kanton Graubünden ein ähnliches Fach eingeführt wird.

Damit ist der Beitrag kontextuell verortet: Er bezieht sich geografisch auf die deutschsprachige Schweiz, organisatorisch auf Schulentwicklung, didak-

---

1 Beim vorliegenden Beitrag handelt es sich um einen zum Zwecke der Publikation überarbeiteten Vortrag, den ich im Rahmen der Reihe «Heimat auf Zeit» an der Pädagogischen Hochschule Graubünden und der Theologischen Hochschule Chur am 18. Mai 2010 gehalten habe.
2 Vgl. *Bildungsplanung Zentralschweiz*, Lehrplan.
3 Vgl. *Kilchsperger*, Education 199–205.
4 Vgl. *DVS*, Ethik; *DVS*, WOST 06.

tisch auf bekenntnisunabhängiges religionskundliches und ethisches Lernen in der Primarschule. Damit wird deutlich, dass er im Rahmen dieses Buches eine Sonderstellung einnimmt, weil er der inhaltlichen Überschrift nur eingeschränkt gerecht wird: Obwohl die Frage der Identität ein relevantes und noch zu wenig bearbeitetes Problem ethischer und religionskundlicher Bildung ist, kann dieser Bericht nur punktuell darauf eingehen und muss sich darauf beschränken, allfällige Leerstellen zu bezeichnen, die künftig im fachdidaktischen Diskurs angegangen werden sollten. Er ist zudem in erster Linie aus der Perspektive des Entwicklers, erst in zweiter aus jener des Wissenschaftlers geschrieben. Die zuweilen stark erfahrungsbezogene, zuweilen etwas normativ geratene Argumentation macht deutlich, dass Schulentwicklung die distanzierte Warte der Wissenschaft verlässt und in der Praxis Farbe bekennen muss. Als Werkstattbericht sind die Inhalte zwangsläufig selektiv und stehen etwas unverbunden nebeneinander. Sie wurden im Hinblick darauf ausgewählt, welchen Erkenntnisgewinn sie für die Installation neuer Fächer in anderen Kantonen und die deutschschweizerische Entwicklung bringen.

Die Überlegungen werden im Folgenden in sechs Thesen dargelegt. Während die Thesen 1 bis 3 das Profil des Faches in den Blick nehmen, reflektieren die Thesen 4 und 5 die Weiterbildungen für die Lehrpersonen. Darin wird auch auf fachdidaktischen Diskussionsbedarf und auf Forschungsdesiderate hingewiesen. These 6 bezieht sich auf Organisation und Kommunikation des Projekts.

These 1: E+R richtet sich an den zu erwerbenden Fähigkeiten der Lernenden aus, nicht primär am zu unterrichtenden Stoff.

«Wir unterrichten Kinder, keine Fächer», lautet ein bekanntes erziehungswissenschaftliches Bonmot, dessen imperativische Form nicht darüber hinwegtäuschen kann, dass der Unterricht an unseren Schulen bislang weitgehend über Inhalte gesteuert wurde. Die Sorge, dass der Bewältigung des Stoffes mehr Aufmerksamkeit zukommt als den zu fördernden Fähigkeiten der Lernenden, ist nicht unbegründet: Zwischen den vielseitigen Anforderungen des Berufes, den unterschiedlichen Erwartungen von Eltern, Öffentlichkeit und Politik, droht vergessen zu gehen, dass die Förderung der Kinder das Hauptziel der Schule ist.

Dies erfordert einen Perspektivenwechsel vom inhaltsgesteuerten zum kompetenzorientierten Unterrichten. Es ist eine grosse Herausforderung, den verschiedenen Akteuren und Interessengruppen deutlich zu machen, dass es darum geht, was ein Kind nach dem Besuch der Schule kann, und nicht in erster Linie wie viele Themen oder Lehrmittelseiten man «durchgenommen» hat. Daraus ergibt sich jedoch die Konsequenz, bereits Lehrpläne und Lehrmittel von diesem Ziel her zu konzipieren, ein Anspruch, der längst nicht überall eingelöst ist.

Welche Fähigkeiten sollen Lernende nach sechs Jahren in Bezug auf Ethik und Religionen können? Um diese Frage beantworten zu können, soll zuerst der Kontext beschrieben werden, in dem ethisches und religionskundliches Lernen stattfindet. Unsere Gesellschaft hat sich in den vergangenen Jahren hinsichtlich ihrer Vernetzung gewandelt: Durch neue Informationstechnologien, Mobilität und weltweiten Handel sind die verschiedenen Teile der Welt zusammengerückt. Was wir Globalisierung nennen, wirkt in die einzelnen Gesellschaften hinein – auch in ethischen und weltanschaulichen Fragen. Die Schweiz hat sich seit der Gründung des Bundesstaates von einem faktisch bikonfessionellen hin zu einem multireligiösen Land entwickelt.[5] Wir befinden uns in einer Situation zunehmender kultureller, weltanschaulicher und religiöser Pluralität.[6] Fremdheit wird in einer solchen Situation – auch wenn dies etwas plakativ anmutet – zur Normalität. Pluralität ist häufig mit Ungewissheit und Unsicherheit behaftet. Daraus erwächst für das Individuum die Herausforderung, diese Differenz auszuhalten. Der Schweizer Philosoph Hans Saner bezeichnet diese Fähigkeit als Differenzverträglichkeit.[7] Sie ist mehr als Toleranz, die – als Duldung verstanden – nie eine horizontale Struktur, sondern immer ein Machtgefälle zwischen Duldendem und Geduldetem ausdrückt, von einer Mehrheit zu einer Minderheit. Dies macht Toleranz zu einem Akt der Gnade und wirkt deshalb beleidigend. Zugespitzt:

«Toleriert wird […] immer das, wovon man eigentlich möchte, dass es nicht wäre.»[8]

Differenzverträglichkeit sei dagegen kein Einheitskonzept und kein Gnadenakt, dem es gleichzeitig an Freiheit mangle, sondern beinhalte die Anerkennung der Andersartigkeit des Anderen und damit des Rechts auf eine eigene

---

5 Vgl. *Helbling/Riegel/Jakobs*, Switzerland 227–231; *Jakobs/Riegel/Helbling/Englberger*, Religionsunterricht 16–19.
6 Vgl. *Baumann/Stolz*, Schweiz; *Helbling*, Herausforderung 21–32.
7 Vgl. *Saner*, Toleranz 295–410.
8 A. a. O. 401.

Kultur, sofern diese andere Lebensformen nicht schädige und die Menschenrechte anerkenne. «Sie geht davon aus, dass kein Einzelner und keine Gruppe weiß, wie *alle* leben sollen, keine Minderheit und keine Mehrheit, was *alle* glauben müssen.»[9] Die Bejahung prinzipieller Gleichwertigkeit und Gleichberechtigung trotz bleibender Differenz und das Engagement für Konvivialität charakterisieren diese Haltung.

Saner formuliert damit nicht nur eine wesentliche Anforderung einer pluralistischen Gesellschaft, sondern umreisst zugleich ein wesentliches Ziel von *Ethik und Religionen*. Soll diese Haltung nicht blind, sondern gebildet sein (womit die Möglichkeit ihrer Ablehnung impliziert sei), so setzt sie jedoch Orientierungsfähigkeit und Wissen voraus, damit man sich im Dschungel der Werte und Weltanschauungen, der Kulturen und Religionen zurechtfindet. Dazu gehört, Religion als «Sache» mit ihren Eigengesetzlichkeiten, ihrer Erscheinungsform und ihrer Sprache zu verstehen.[10] Damit könnte *Ethik und Religionen* einen Beitrag zu religiöser Kompetenz leisten, die zu verstehen ist «als selbst bestimmte Handlungsfähigkeit im Kontext religiöser Pluralität und beinhaltet, den eigenen religiösen Hintergrund (Religiosität und Religion) sowie den von anderen bewusst und verantwortet wahrzunehmen, sich darin zu orientieren und sich mit anderen darüber zu verständigen.»[11] Dieser Ansatz fügt sich übrigens sehr gut in das pädagogisch und schulentwicklerisch derzeit wichtige Thema des Umgangs mit Heterogenität in der Schule ein.[12]

Didaktisch übersetzt heisst dies: In E+R behandeln wir nicht einfach Themen, sondern wir fördern bestimmte Fähigkeiten. In der sach- und sozialkundlichen Didaktik wird daher von einer doppelten Zielorientierung gesprochen, die besagt, dass Kompetenzen (die erste Zielorientierung) an Lerngelegenheiten oder Themen (die zweite Zielorientierung) aufgebaut werden.[13] Dieses Bewusstsein ist gerade auch für die Weiterbildung wichtig: Wir haben die Erfahrung gemacht, dass es Lehrpersonen zuweilen schwerfällt, Lernprozesse nicht ausschliesslich aus der Perspektive des Themas zu betrachten, sondern aus der Perspektive der zu erlangenden Fähigkeiten. Allerdings haben auch Lehrpläne und Lehrmittel erst in den letzten Jahren diesen Perspektivenwechsel vollzogen, und es ist zu hoffen, dass der sich in Bearbeitung befindende

---

9 A. a. O. 404.
10 Vgl. *Schmid/Jakobs*, Religion.
11 *Helbling*, Herausforderung 133.
12 Vgl. *Prengel*, Pädagogik der Vielfalt.
13 Vgl. *Adamina/Müller*, Lernen 21.

kompetenzbasierte Lehrplan 21 diesen Prozess in der deutschsprachigen Schweiz noch konsequenter unterstützen wird.[14]

These 2: «Ethik und Religionen» ist Teil allgemeiner Bildung und muss deshalb Kriterien allgemeiner Bildung genügen.

Im Kanton Luzern litt der vormalige Bibelkundeunterricht an einer Erosion – weil ein Teil der Kinder nicht mehr daran teilnahm, weil er bei einigen Lehrpersonen unbeliebt war, der Unterricht zuweilen gar nicht stattfand, weil die Klasse in Mathematik gerade im Rückstand war, weil die Lehrmittel modernen Anforderungen nicht mehr entsprachen, weil die Weiterbildungen altbacken daherkamen, weil kirchliches Lehrpersonal daraus eine zweite Stunde konfessionellen Unterricht machte usw. Diese praktischen Gründe veranlassten sowohl Landeskirchen wie auch Bildungsdepartement zu einer Standortbestimmung. Zum einen verlangte der Regierungsrat, dass ethisches Lernen in der Schule stärkere Berücksichtigung erfährt – gerade vor dem Hintergrund der Anforderungen einer pluralistischen Gesellschaft. Zum anderen überlegten sich die drei Landeskirchen, wie der vormalige Bibelkundeunterricht angesichts ebendieser Anforderungen weiterentwickelt werden könnte.

Beachtenswert ist die Tatsache, dass nicht binnenkirchliche oder politische Interessen die Entwicklung des neuen Lehrplans steuerten, sondern die Überzeugung, dass ethische und religionskundliche Bildung eine unverzichtbare Aufgabe öffentlicher Bildung ist. Es gehört zu den pädagogischen Grundüberzeugungen, dass das neue Fach – wie jedes andere Fach an der öffentlichen Schule auch – auszuweisen hat, was es zur Allgemeinbildung beiträgt. Der Pädagoge Heymann hat dazu sieben Kriterien formuliert: Lebensvorbereitung, Stiftung kultureller Kohärenz, Weltorientierung, Anleitung zum kritischen Vernunftgebrauch, Entfaltung von Verantwortungsbereitschaft, Einübung in Verständigung und Kooperation, Stärkung des Schüler-Ichs.[15] Das Innerschweizer Modell lässt sich mit diesen Kriterien wie folgt in Beziehung setzen:[16]

– E+R trägt zur *Lebensvorbereitung* bei, indem es alltägliche Lebenssituationen – Fragen des Zusammenlebens, das Ausbilden eigener und gemeinsa-

---

14 Vgl. weitere Informationen auf www.lehrplan.ch.
15 Vgl. *Heymann*, Allgemeinbildung 7–17.
16 Vgl. dazu auch *Schmid/Jakobs*, Religion 25–31.

mer Werte, den Umgang mit letzten Fragen – aufgreift und daran Differenzverträglichkeit einübt.

- E+R stiftet *kulturelle Kohärenz*, indem es mit Errungenschaften und Merkmalen unserer Gesellschaft aus dem Bereich der Werte (z. B. Menschenrechte), der Kultur (religiöse Motive in Kunst und Literatur), des Zusammenlebens (Toleranz), der Religion (Feiertage) vertraut und gleichzeitig auf die aktuellen Transformationen (Pluralisierung, neue Religionen) aufmerksam macht. So ist es heute unverzichtbar für das Verständnis unserer Gesellschaft, sowohl die Bedeutung von Weihnachten als auch jene des Ramadans zu kennen.
- E+R trägt zur *Weltorientierung* bei, indem es ein «epochaltypisches Schlüsselproblem» (Wolfgang Klafki) – nämlich Pluralität – konsequent zum Ausgangs- und Zielpunkt des Unterrichts macht.
- E+R leitet zum *kritischen Vernunftgebrauch* an, indem es Kinder zu Positionierungen motiviert, Fakten liefert, mediale Meinungen hinterfragt sowie Vorurteile und Klischees entlarvt.
- E+R unterstützt die Entfaltung von *Verantwortungsbereitschaft*, weil es nicht nur ein papierenes Paukfach, sondern ein praktisches Handlungsfach ist, in dem durch eigenes Tun gelernt wird, beispielsweise durch ein Umweltschutzprojekt, durch den sorgsamen Umgang in einer heterogenen Gruppe.
- E+R ermöglicht *Verständigung und Kooperation*, indem es viele Themen dialogisch und handlungsorientiert angeht: Lernende sollen sich über Religion unterhalten, sie sollen hypothetische Dilemmata und konkrete Konflikte bearbeiten, sie sollen Religionen und Weltanschauungen kennen lernen, indem sie Menschen begegnen. Die Klasse bildet hier selbst so etwas wie ein natürliches Biotop, ein Lerngegenstand in sich selbst.
- E+R fördert die *Stärkung des Schüler-Ichs*, indem eigene Positionierungen immer wieder motiviert werden, indem von der prinzipiellen Gleichwertigkeit und Gleichberechtigung von Kulturen, Religionen und Lebensformen ausgegangen wird, sodass Lernende sich nicht ausgegrenzt, sondern integriert und ermutigt fühlen.

Dieser pädagogischen Gegenprobe muss ein Lehrplan standhalten. Partikularinteressen wie religiöser Mission oder kultureller Assimilation darf die öffentliche Schule nicht nachgeben. Hier muss Interessentransparenz herrschen und ein hohes Mass an pädagogischer Wahrhaftigkeit und Fairness.

Den Kriterien der Allgemeinbildung können Schulfächer jedoch nur genügen, wenn sie sich gleichzeitig an elaborierten Sachkonzepten wissenschaftlicher Disziplinen orientieren, nicht etwa an Alltagstheorien. Die Frage ist: an welchen Konzepten bezüglich Ethik und Religionen? An dieser Stelle drängt sich ein Hinweis auf die Bezugswissenschaften auf, die sich offenbar in einem Zuständigkeitskonflikt befinden. Dies sei an einem Beispiel illustriert: In der wissenschaftlichen Literatur im deutschsprachigen Raum zur Didaktik des bekenntnisunabhängigen Religionsunterrichts sind zwei Anfragen zu vernehmen. Vertreter theologisch orientierter Religionspädagogik fürchten, dass Religionskunde oberflächlich sei und an der Lebenswelt der Lernenden vorbeigehe.[17] Von religionswissenschaftlicher Seite, die sich erst neuerdings für pädagogische Fragen interessiert, wird hingegen gefordert, Bezüge zur religiösen Lebenswelt zu unterlassen, weil sie die religiöse Integrität verletzen könnten.[18] Stattdessen soll Religionskunde reine Information sein. Beide Kritiken verkennen wesentliche Entwicklungen in der Didaktik des Sachkundeunterrichts, nämlich die Lebensweltorientierung und die konstruktivistische Lerntheorie. Ein Fach an der Primarschule leitet sich jedoch nie direkt aus einer Bezugswissenschaft ab, das wäre zu propädeutisch und lerntheoretisch sinnlos. Es würde den Kriterien allgemeiner Bildung sogar widersprechen, weil reine Sachorientierung ein Schulfach noch nicht begründet. Bekenntnisunabhängige Religionskunde kann deshalb nicht einfach Religionswissenschaft für Kinder sein. Will Lernen auch bilden, so hat es sich auf die Lebenswelt der Lernenden zu beziehen und diese zu erschliessen.[19] Dazu gehört im Sinne einer konstruktivistischen Didaktik, Alltagsvorstellungen und Alltagswissen zu aktivieren, um sie mit belastbarem Wissen zu verbinden.[20] Auf diese Weise gelangen fast zwangsläufig eigene Vorstellungen oder auch Vorstellungen von Vorstellungen Dritter in den Unterricht. Dies bedeutet jedoch nicht, dass diese Vorstellungen im Sinne religiöser Erziehung zu einer bestimmten Vorstellung einer religiösen Tradition geformt werden sollen. Die Herausforderung besteht gerade darin, die religiöse Integrität der Kinder zu wahren, gleichzeitig die Lernprozesse erfahrungsbezogen zu gestalten und dabei das Ziel ethischen, sozialen und religionskundlichen Lernens nicht aus den Augen zu verlieren. Damit wird das Fach gleichzeitig lebendig, und die Befürchtung, es sei blutleer und bezugslos, läuft ins Leere.

---

17 Vgl. *Schweitzer*, Religion 161–180.
18 Vgl. *Frank*, Religionsunterricht 255.
19 Vgl. *Kahlert*, Lebenswelten 32–41.
20 Vgl. *Kaiser*, Change 126–133.

Im Blick auf die Bezugswissenschaften plädiere ich für einen integrativen Ansatz: Eine Fachdidaktik «Ethik und Religionen» vereint sinnvollerweise das notwendige sachliche und lernprozessbezogene Wissen aus Religionspädagogik, Erziehungswissenschaft, Religionswissenschaft und Philosophie. In Luzern, in dessen Projektteam unterschiedliche Bezüge personell vereint waren, hat sich gezeigt, dass dies ein fruchtbares, sach- und lebensweltorientiertes Arbeiten ermöglicht.

These 3: E+R ist sich seiner Grenzen bewusst und weiss um die Komplementarität der Aufgaben.

Der Vergleich der Lehrpläne zeigt, dass sich konfessioneller Unterricht[21] und E+R inhaltlich berühren. Dies führt manchmal zur irrigen Meinung, dass darin dasselbe gelernt wird. Dabei haben die beiden Fächer unterschiedliche Zielperspektiven. Frank unterscheidet dabei zwischen Thema, Figur und Rahmung:[22] Während der Inhalt (Thema) in beiden Lehrplänen dasselbe sein kann, *kann* sich der Ausschnitt aus dem Thema (Figur) und *soll* sich die Zielsetzung (Rahmen) unterscheiden. Um es an einem Beispiel zu verdeutlichen: Natur/Schöpfung (Thema) ist Bestandteil beider Lehrpläne. Während E+R verschiedene Schöpfungsmythen (Figur) vergleicht (Rahmung) und Handlungskonsequenzen für die Bewahrung der natürlichen Ressourcen erarbeitet (ebenfalls Rahmung), möchte der konfessionelle Religionsunterricht den Kindern ermöglichen, die Schöpfung um sie herum (Figur) als Geschenk Gottes wahrzunehmen (Rahmung).

An diesem Beispiel zeigen sich deutlich unterschiedliche Aufgaben der beiden Gefässe. Sie werden in der Praxis umso besser zur Geltung kommen, je besser sich Lehrpersonen des kirchlichen wie des staatlichen Unterrichts absprechen. Damit dies gelingen kann, haben wir einen Themenvergleich erarbeitet, der Berührungspunkte kenntlich macht und dadurch zum Gespräch anleitet.[23] Allerdings war der bisherige Erfolg ernüchternd: Nur ein bescheidener Teil der Lehrpersonen nimmt diese Absprachen wahr, wie eine Erhebung zeigte.[24] Sowohl von den staatlichen als auch von den kirchlichen Lehr-

---

21 Vgl. *Landeskirche*, Lehrplan.
22 Vgl. *Frank*, Religionsunterricht 91–96.
23 Vgl. *DVS/KOLARU*, Themenvergleich.
24 Vgl. *DVS*, Bericht 14.

Grobziel 10
Die Schöpfung mit allen Sinnen wahrnehmen und
gemeinsam Handlungskonsequenzen für deren Bewahrung
entwickeln.

Inhaltsvorschläge
- Natur – Schöpfung – Weltbilder
- Schöpfungsmythen aus den Religionen
- Naturschutz, Tierschutz, Umweltschutz

Grobziel A.4
Die Kinder nehmen sich, die Mitmenschen und die Natur als
Schöpfung und Geschenk Gottes mit allen Sinnen wahr. Sie
geben ihren Gefühlen und Gedanken Ausdruck.

Stoffplan
Gott loben in seiner Schöpfung
- Sonnengesang
- In der Natur Gott nahe sein

Abb. 1: Komplementarität am Beispiel Schöpfung

personen ist zu vernehmen: «Wir haben keine Zeit dazu.» Oder: «Es ist so
schwierig, mit den anderen zu reden.» Diese Aussagen zeigen deutlich, dass
die Absprachen durch Schulleitungen und Katecheseverantwortliche gefördert werden müssen und sich nicht von selbst ergeben.

Die unterschiedlichen Ansätze sind auch Eltern und Vertretern der Reli-
gionsgemeinschaften noch nicht geläufig. Im Gespräch ist zuweilen die
Befürchtung zu vernehmen, der Austausch über religiöse Fragen und das religionskundliche Lernen könnte eine Verwirrung der eigenen religiösen Orientierung verursachen. Von konfessioneller fachdidaktischer Seite wird dies
noch zugespitzt: Im religionskundlichen Unterricht könne die Innenseite
einer Religion nicht durch eigene Erfahrung erlebt und das Ziel der Partizipation an ihr deshalb nicht erreicht werden.[25] Damit würde Religion als
Sache gar nicht richtig verstanden. Eine religiöse Position sei – so Moltmann,
ein evangelischer systematischer Theologe – eine notwendige Perspektive auf
andere Religionen:

---

25 Vgl. kürzlich *Mette*, Religionsunterricht 303–315.

«Nur die Beheimatung in der eigenen Religion befähigt zur Begegnung mit einer anderen. Wer dem Relativismus der multikulturellen Gesellschaft verfällt, mag dialogfähig sein, ist aber nicht dialogwürdig.»[26]

Dieses Diktum wirkt auf den ersten Blick vielleicht einsichtig, bei näherer Betrachtung drängen sich jedoch eine ganze Reihe kritischer Anfragen auf: Wodurch genau zeichnet sich religiöse Identität aus? In welchem Alter oder in welchem Reifestadium ist man für einen Dialog optimal beheimatet? Wer gewährleistet diese religiöse Beheimatung, und wer definiert, wer zum Dialog würdig ist? Ist religiöse Beheimatung ein Garant gegen Relativismus, bewirkt umgekehrt religiöse Heimatlosigkeit oder bewusste Distanz oder Agnostizismus (übrigens auch eine Identität) zwingend das Gegenteil? Auf welcher empirischen Basis kommt man zur Erkenntnis, dass interreligiöses Lernen Grundschulkinder überfordert? Muss nicht auch Dialog gelernt und deshalb stufengerecht elementarisiert und aufgebaut werden? Wird hier nicht einfach von religiöser Expertenschaft ausgegangen? Ist ein Christ oder eine Christin dialogfähig, wenn er oder sie besonders viel betet oder das Neue Testament in griechischer Sprache verstehen kann? Die Forderung, dass zuerst eine konfessionelle Identität – was immer dies genau bedeutet – auszubilden hat, wer in einen Dialog tritt, ist identitätstheoretisch nicht plausibel. Menschen eignen sich die Welt in Kreisen und Netzen an, nicht in engen Bahnen, durch die sie geschleust werden.

Die vielen ungeklärten Fragen lassen den Schluss, dass konfessionelle Bildung eine notwendige Voraussetzung für den Dialog ist, etwas voreilig erscheinen. Jedenfalls konnte meines Wissens bislang nicht festgestellt werden, dass Religionskunde zu Identitätsdiffusion und Überforderung führt, wobei in Rechnung zu stellen ist, dass dieses Problem bislang wenig untersucht wurde und ein Desiderat religionspädagogischer Forschung darstellt. Die Studie von Froese im Kontext christlich-muslimischer Familien legt vielmehr nahe, dass Kinder durchaus mit unterschiedlichen religiösen Zugehörigkeiten umgehen können.[27] Offenbar handelt es sich hier eher um ein Problem Erwachsener.[28] Würde Dialog überdies an eine konfessionelle Heimat geknüpft, schlösse man Schülerinnen und Schüler ohne konfessionelle Heimat von vornherein von dem Dialog aus.

---

26 *Moltmann*, Erfahrungen 30.
27 Vgl. *Froese*, Religionen.
28 Vgl. dazu wiederum *Schweizer*, Kinder 39–49.

Dieses Beispiel verweist auf ein tiefer liegendes Problem, nämlich auf das noch unterbestimmte Verhältnis zwischen beiden didaktischen Ansätzen.[29] Die von Grimmitt eingeführte theoretische Unterscheidung religionsdidaktischer Ansätze in «teaching in religion», «teaching about religion» und «learning from religion»[30] ist ungenügend, wenn damit bestimmte Fächerkonzepte beschrieben werden. Konfessioneller Religionsunterricht ist eben nie nur «teaching in religion», «learning from religion» sagt wenig darüber hinaus, ob verschiedene Religionen gleichwertig und gleichberechtigt thematisiert werden. Für die organisatorische Ebene scheint eine bedeutsame Einsicht zu sein, dass weder der religionskundlich ausgerichtete Unterricht noch der konfessionelle Religionsunterricht alles zu leisten vermögen. So wenig es dem religionskundlichen Unterricht möglich ist, eine an der christlichen Theologie ausgerichtete Klärung der eigenen religiösen Identität und damit die angestrebte Partizipationskompetenz zu ermöglichen, so wenig ist es dem konfessionellen Unterricht strukturell möglich, eine kontinuierliche Auseinandersetzung mit religiöser Differenz im Rahmen schulischen Lebens zu gewährleisten. Die unterschiedlichen Zielsetzungen eines bekenntnisunabhängigen und eines konfessionellen Religionsunterrichts sind deshalb nicht als Gegensätze, sondern komplementär zu verstehen: Sie decken unterschiedliche Aspekte religiöser Bildung ab.[31] Ich halte es für eine wichtige Aufgabe, im Hinblick auf den Lehrplan 21 eine sowohl konsistente als auch praxistaugliche didaktische Bestimmung zu entwerfen und diese in den wissenschaftlichen Diskurs einzuspeisen.

Den Anforderungen der Allgemeinbildung zu entsprechen, bedeutet in diesem Zusammenhang auch, die Religionsfreiheit zu respektieren.[32] Die Grenzen liegen für die öffentliche Schule dort, wo sich Lernende mit einem bestimmten Glauben identifizieren sollen, wenn ein Glaube ihnen bei der Bewältigung letzter Fragen helfen soll, wenn er Teil ihrer Identität werden soll, wenn sie in eine bestimmte religiöse Gemeinschaft eingegliedert werden sollen. Dies sind nicht Aufgaben der öffentlichen Schule, weshalb E+R zwingend bekenntnisunabhängig zu sein hat. Dennoch befinden wir uns in einem pädagogischen Dilemma. Denn einerseits dürfen wir als säkulare

---

29 Vgl. *Jakobs*, Zweigleisigfahren 123–133.

30 Vgl. zusammenfassend *Grimmitt*, Introduction.

31 Den Begriff Komplementarität hat wiederum Grimmitt eingeführt: *Grimmitt*, Religionspädagogik 13.

32 Vgl. *Famos*, Rechtslage 47–64.

Schule keine bestimmte religiöse Identität vermitteln, dies würde eine Verletzung der Religionsfreiheit bedeuten. Auf der anderen Seite können wir gar nicht verhindern, dass sich Kinder eine Identität aneignen, sie ist sogar Bestandteil jedes Lernprozesses. Denkt man an die eigene Schulzeit zurück, so stellt man – entweder mit Freude oder mit Schrecken – fest, dass auch der Deutsch- und der Mathematikunterricht zur Bildung unserer Identität beigetragen haben. Dass dies auch auf Ethik und Religionen zutrifft, versteht sich von selbst.

Dieses Dilemma lässt sich nicht auflösen, es lässt sich nur prozessual gestalten. Auf dieses Problem stösst die öffentliche Schule im Übrigen nicht ausschliesslich beim Thema Religionen, sondern in jeglichem sozial- und kulturwissenschaftlich orientierten Sachunterricht. Die Pädagogin Dagmar Richter erinnert im Zusammenhang mit gesellschaftlichem und politischem Lernen im Sachunterricht an ein Diktum, das in den 1970er Jahren in der Politikdidaktik formuliert wurde.[33] Um zu verhindern, dass eigene Vorstellungen oder Vorurteile unreflektiert in den Unterricht einfliessen – und dazu gehören eigene religiöse Präferenzen oder Widerstände, seien sie nun bekenntnisorientiert, antireligiös, synkretistisch oder esoterisch –, müssten das Überwältigungsverbot und das Kontroversitätsgebot befolgt werden. Nach diesem «Beutelsbacher Konsens» ist es nicht erlaubt, Lernende «im Sinne erwünschter Meinung zu überrumpeln und damit an der ‹Gewinnung eines selbständigen Urteils› zu hindern»[34]; dies käme der Indoktrination gleich. Es sei vielmehr angezeigt, unterschiedliche Sichtweisen, Meinungen und Perspektiven im Unterricht zur Darstellung zu bringen und die kulturelle Vieldeutigkeit der Welt aufzuzeigen. Was in der Welt kontrovers ist, müsse auch im Unterricht kontrovers dargestellt werden. Richter ergänzt, didaktisches Handeln dürfe die Welt nicht als eindeutige zeigen, das Wissen nicht als sicheres, dogmatisches Wissen, Wertungen nicht verkürzend als Schwarz und Weiss vorgenommen werden.[35] Die Achtung dieser beiden Prinzipien sollte für den bekenntnisunabhängigen Unterricht nicht nur für das Thema Religion leitend sein.

Hingegen besteht beim konfessionellen Religionsunterricht gerade die nobelste Aufgabe darin, im besten Falle zu geklärten religiösen Identitäten zu führen, indem er mit den Lehren und Gütern der Religion, der die Lernenden angehören, vertraut macht, Partizipation in der kirchlichen Gemeinschaft för-

---

33 Vgl. *Richter*, Lernen 13 f.
34 *Wehling*, Konsens 173–184.
35 *Richter*, Lernen 14.

dert, die Entwicklung persönlicher Religiosität begleitet und auch eine kritische Positionierung zulässt. Angesichts grassierender privater Irrationalismen, Instrumentalisierungen und Eingriffe in die Integrität von Menschen durch religiöse Institutionen tut religiöser Konsumentenschutz in Form von konfessionsbezogener religiöser Bildung nach wie vor not.

Das Überzeugende am Innerschweizer Modell – was der Kanton Graubünden mit der Bezeichnung 1+1 treffend einzufangen vermag – ist gerade, dass es die beiden Aufgaben zusammendenkt und sie als komplementär versteht. Für gemeinsames religionskundliches, ethisches und soziales Lernen scheint der Klassenunterricht der richtige Ort zu sein, weil er alle Schülerinnen und Schüler gleichermassen erreicht. Die hin und wieder feststellbaren Allzuständigkeitsphantasien[36] kirchlicher Mitarbeitenden im Sinne von «an der Schule sind wir für Gemeinschaft zuständig und Moral lernt man bei uns», müssen relativiert werden. Die Schule *ist* ja gerade ein Ort der Gemeinschaft, in der soziales Lernen zum täglichen Geschäft gehört. Der konfessionelle Religionsunterricht kann seinerseits wesentlich zu gelingender Verständigung beitragen, indem er fundiert zu Positionierungen bezüglich der eigenen Religion anleitet, was sich der säkularen Schule wiederum verbietet.

These 4: Weiterbildungen in E+R fördern Rollenkompetenz durch Arbeit an persönlichen Einstellungen.

In der Regel erfahren ethisches und soziales Lernen bei Lehrpersonen spontan hohe Zustimmung. Bei der Religionskunde passiert es hin und wieder, dass Lehrpersonen Widerstände äussern. Diese sind meist durch schlechte Erfahrungen zu erklären: Manche haben das rituelle oder moralische Korsett, mit dem sie aufgewachsen sind, als zu starr und einengend erfahren, manche haben schlechte Erinnerungen an bestimmte Personen aus dem Umfeld ihrer Religion. Trotz Widerstand ist es möglich, diese Lehrpersonen auf den neuen Lehrplan vorzubereiten. Schwieriger wird es dann, wenn die nun abgelehnte Zugehörigkeit zu einer bestimmten Religion durch eine unreflektierte Privatreligion abgelöst wird, die ihrerseits dogmatische Züge annimmt. Eine Lehrperson hat in einem Kurs einmal gefragt, ob sie etwas mit heilenden Steinen machen dürfe oder zu allgemein menschlichen Symbolen. In der Auseinandersetzung mit diesem ersten Typus ist uns bewusst geworden, wie wichtig es

---

36 *Dressler*, Bildung 50–63.

ist, den Lehrpersonen deutlich zu machen, dass es in einem bekenntnisunabhängigen Unterricht weder um die Kultivierung einer Zivilreligion oder einer vermeintlich «neutralen» Ersatzreligion geht noch um die Stillung des Bedürfnisses der Menschen nach einer heilen Welt.

Den zweiten Typus bilden jene Teilnehmenden, die sich in einer bestimmten Konfession – es gibt im Kanton Luzern nur wenige Lehrpersonen, die nicht zumindest entfernt christlich sozialisiert worden sind – zugehörig fühlen. Vorteilhaft daran ist, dass diese Teilnehmenden eine Vorstellung davon haben, was Religion sein könnte, und damit einen sachlogischen Anknüpfungspunkt, wenn sie sich mit anderen Religionen auseinandersetzen. Auf der anderen Seite lauert hier die Gefahr der Nivellierung und des Eurozentrismus: Wenn zum Beispiel behauptet wird, dass es allen Religionen um die Frage nach Gott gehe, so merkt man, dass implizit ein westlich und christlich geprägtes Religionskonzept auf andere Religionen übertragen wird.

Dem dritten Typus gehören jene Lehrpersonen an, die bereits so pluralistisch aufgewachsen sind, dass Religion für sie schon wieder interessant ist. Sie sind, wie es der Soziologe Hans Joas in einem Interview einmal treffend formuliert hat, «neugierig auf das, was sie nicht glauben»[37]. Sie zeichnen sich aus durch eine etwas naive Offenheit gegenüber den Religionen, was sie anfällig macht für die Bedienung von Einheitsbedürfnissen.

Keiner der drei Typen ist vor didaktischen Missgeschicken im Umgang mit Religion gefeit. Sie bilden deshalb weder ein Ideal noch eine unüberwindliche Hürde. Wir sind der Überzeugung: Ein pluralitätsbewusster Unterricht kann erlernt werden, er ist eine Frage der Rollenkompetenz. Eine wesentliche Voraussetzung zur Verfeinerung der Rollenkompetenz ist, dass sich die Teilnehmenden mit ihren eigenen Positionen, Zugängen, positiven und negativen Vorurteilen, guten und schlechten Erfahrungen auseinandersetzen und ihre Auswirkungen auf den Unterricht antizipieren. Dies betrifft im Übrigen nicht allein das Thema Religion, sondern auch Werte oder Vorbilder.

Die Aktivierung und Bewusstmachung von Vorannahmen ist nicht allein vom Thema her angezeigt, sondern ist einer konstruktivistischen Lerntheorie geschuldet, die davon ausgeht, dass wir nicht als Tabula rasa neue Dinge lernen, sondern vielmehr bereits bestehende Konzepte verändern (vgl. These 2). Die persönlichen Zugänge spielen hier eine wesentliche Rolle. Gleichzeitig nötigen wir die Lehrpersonen nicht dazu, ihre Überzeugungen vor anderen

---

37 Vgl. *Joas*, Schutz 35–38.

auszubreiten. Der Schutz der Integrität gilt auch für Lehrpersonen. Sie zeigen sich sogar offener und mitteilsamer, wenn sie wissen, dass mit ihren Positionen sorgsam umgegangen wird.

An einem Beispiel kann illustriert werden, warum die Aktivierung persönlicher Einstellungen bedeutsam ist. Eine klassische Falle des interreligiösen Lernens ist – so Andrea Zielenski im Handbuch Interreligiöses Lernen – die so genannte Homogenisierung des Anderen und die Heterogenisierung des Selbst.[38] Zielenski hält fest:

> «Die Tendenz, sein Gegenüber zu simplifizieren auf Standpunkte, die sogenanntes Allgemeinwissen darstellen [...], ist weit verbreitet und zeugt von einer eindimensionalen Gesprächskultur. Die Homogenisierung des Gegenübers ist darüber hinaus verschwistert mit der Bestrebung, sich selbst als Facette eines sonst heterogenen religiösen und sozialen Phänomens darzustellen. Die Gründe dafür liegen u. a. in der Unkenntnis der gegenüberstehenden Religion. [...] Ein weiterer Grund für die ‹Homogenisierung des Gegenübers› und die ‹Heterogenisierung des Selbst› liegt meist in der Unkenntnis des Kanons der (so vorhanden) eigenen Religion [...]»

Unsere Erfahrung zeigt, dass Lehrpersonen Fremdes zuweilen als erratischen Block sehen. Dies zeigt sich in Aussagen wie: «Der Hinduismus ist polytheistisch.» «Juden tragen Schläfenlocken.» «Der Buddhismus ist eine tolerante Religion.» Die Überzeugung, dass die eigene Religion in sich vielstimmig ist, eine andere jedoch gleichförmig, zeugt von eingeschränkter Sachkenntnis einerseits, von Unsicherheit bezüglich ihrer eigenen Position andererseits. Daran wird deutlich, dass die Klärung eigener Zugänge nötig ist, um für die reale Vielfalt in den Religionen zu sensibilisieren. Dies hat auch praktische Auswirkungen auf den Unterricht. Dort ist manchmal zu beobachten, dass Lehrpersonen selbstverständlich davon ausgehen, dass insbesondere muslimische Kinder ihre Religion kennen. Sie fragen dann im Unterricht: «Aïsha, wie ist das bei euch im Islam?» Die Frage spiegelt die Erwartung, dass alle Muslime Virtuosen ihrer Religion sind, was zu Recht als ein medial wohlgenährtes Klischee bezeichnet werden kann. Bei christlichen Kindern würde man sich dies verbieten im Wissen darum, dass einem beispielsweise die Bedeutung von Pfingsten selbst nicht geläufig ist. Daraus folgt: Kinder sollten nicht als Experten ihrer Religion behandelt werden. Dies scheint uns menschlich übergriffig und sachlich unangebracht zu sein.

---

38 *Zielenski*, Erfahrungen 338.

Solche unreflektierten Annahmen gilt es bewusstzumachen, damit Lehrpersonen in ihrer Rolle kompetent werden. Dies setzt Bewusstsein über die eigenen Positionen, Sensibilität für die Integrität der Lernenden und für asymmetrische Kommunikation voraus, übrigens nicht nur im Bereich Religion, sondern auch im Zusammenhang mit Werten. Lehrpersonen befinden sich in der Spannung, zwischen säkularer Schule, Wertforderungen durch die Gesetze, ihren persönlichen Überzeugungen, den vielfältigen Überzeugungen ihrer Lernenden und einer pluralistischen Gesellschaft zu vermitteln. Wie die Ausbildung von Rollenkompetenz in der Aus- und Weiterbildung tatsächlich gelingen kann, darüber wissen wir wenig. Hier ist weitergehende Forschung angezeigt.

These 5: Weiterbildungen richten sich an der Praxis der Lehrpersonen aus.

Eine kurze Einführung in den Lehrplan Ethik und Religionen jeweils am Beginn jedes Einführungskurses löst oft geteilte Reaktionen bei den teilnehmenden Lehrpersonen aus. Die erste Reaktion lautet etwas zugespitzt: «Das haben wir doch immer schon gemacht.» Tatsächlich ist es so, dass viele Bestandteile des Lehrplans nicht neu erfunden wurden: Respektvoller Umgang miteinander, Regeln des Zusammenlebens, Verantwortung gegenüber Mitmenschen und Umwelt. Vor allem der Bereich des sozialen Lernens war schon immer eine Aufgabe der Schule, einiges davon gelangt im Zuge der Vermittlung überfachlicher Kompetenzen[39] wieder verstärkt ins Bewusstsein. Neu ist, dass der neue Lehrplan die Lernprozesse im Bereich des ethischen, sozialen und religionskundlichen Lernens systematisiert und die Lernziele stufenspezifisch formuliert. Ein Grossteil der Lehrpersonen ist deshalb auch dankbar, dass nun endlich Zeit und orientierende Instrumente zur Verfügung stehen.

Die zweite Reaktion lautet: «Müssen wir das jetzt auch noch machen?!» Daraus spricht die Befürchtung, den zahlreichen Erwartungen der Gesellschaft an die Schule und den hohen Anforderungen an die Lehrpersonen nicht gerecht zu werden. Manche Lehrpersonen fürchten, dass das Fuder überladen wird, der «Stoff» nicht mehr bewältigbar ist. Beide Reaktionen zeigen, dass

---

39 Vgl. *DVS*, Überfachliche Kompetenzen.

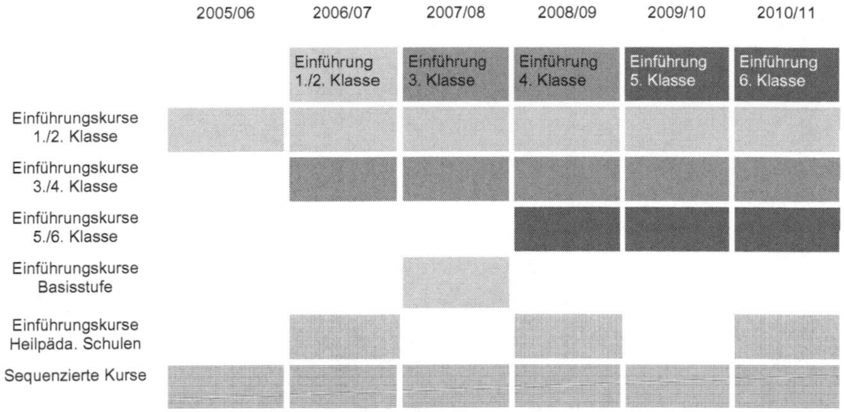

Abb. 2: Stand der Einführung

Lehrpersonen ein kritisches Publikum sind. Gleichzeitig sind sie ein dankbares, wenn man auf die Bedürfnisse eingeht, die aus ihrem Alltag erwachsen.

Seit 2005 haben wir rund 1700 Lehrpersonen in fast 100 stufenspezifischen Kursen weitergebildet. Die begleitende Kursevaluation zeigt trotz der kritischen Haltung in fast allen Bereichen – Inhalt, Organisation, Material, Atmosphäre, Lernprozess – hohe Zufriedenheitswerte. Wie kommt dieses positive Urteil zustande?

Es gehört zu den anerkannten Qualitätskriterien der Unterrichtsentwicklung, dass sie tatsächlich realen Unterricht fokussiert.[40] Das Luzerner Kurskonzept ist deshalb sowohl lehrplan- als auch unterrichtsorientiert, wobei diese beiden Faktoren in starkem Zusammenhang stehen. Wir haben die jeweiligen Kurssequenzen entlang eines Grobziels aus dem Lehrplan gestaltet und versucht, dazu persönliche Einstellungen und Vorwissen zu aktivieren, Sachwissen aufzubauen, psychologische und lerntheoretische Voraussetzungen zu klären, didaktische Ansätze zu reflektieren und konkret methodisch zu arbeiten. Die Reihenfolge ist variabel. Wichtig ist, dass der Theorie-Praxis-Transfer bei jeder einzelnen Kurssequenz vollzogen wird, die Praxis der Lehrperson stets im Fokus bleibt. Indem wir Vorwissen und Vorerfahrungen aktivieren, arbeiten wir nicht nur realitätsnah, sondern auch ressourcenorientiert. Eine Theorie-Praxis-Dichotomie kann so erst gar nicht

---

40 *Maag Merki/Roos*, Erfolgsfaktoren 13.

entstehen. Auf diese Weise fühlen sich Lehrpersonen ernst genommen, wie unsere Evaluation bestätigt.

Selbstverständlich soll nicht verschwiegen werden, dass auch kritische Rückmeldungen geäussert wurden. Die Erwartungen der Teilnehmenden sind zu heterogen, als dass man allen Bedürfnissen gerecht werden könnte. So möchten einige Lehrpersonen mehr rezeptartige Unterlagen, andere wiederum hätten sich gerne noch mehr Hintergrundwissen angeeignet. Manche sind überrascht, dass die didaktischen und methodischen Ansätze nicht gänzlich Neuland sind, weil sie aus dem Fach Mensch und Umwelt sowie aus dem früheren Bibelunterricht bereits Kompetenzen mitbringen. Den unterschiedlichen Voraussetzungen sollte mit individualisierenden Angeboten oder zumindest mit wählbaren Modulen begegnet werden.

Pauschalablehnungen erreichen uns dagegen nur in Einzelfällen. Die Gründe dafür dürften weniger in der Qualität der Kurse liegen als darin, dass für diese Lehrpersonen eine Weiterbildung eine Pflichtübung unter vielen Pflichtübungen darstellt.

Die Kunst besteht – so könnte man zusammenfassend sagen – darin, sich an der unterrichtlichen Praxis der Lehrpersonen zu orientieren. Dass dazu genügend Lernmaterial und eine übersichtliche Liste der Lehr-/Lernmaterialien zur Verfügung stehen müssen, versteht sich von selbst. Lehrpersonen reagieren häufig verunsichert, wenn sie das Gefühl haben, dass für den Unterricht nicht ausreichend Material zur Verfügung gestellt wird. Persönlich halte ich die Fähigkeit zur Zielorientierung und Zielerreichung, zur Diagnostik, zum richtigen Einsatz der Methode für sehr viel bedeutsamer als das fertige Arbeitsblatt und die rezeptartige Präparation. Gleichzeitig ist bekannt, dass Lehrpläne weit weniger steuern als vermutet, sich Lehrpersonen stattdessen viel stärker an Lehrmitteln orientieren.[41] Dies zu ignorieren bedeutete, die Aufmerksamkeit der Lehrpersonen von vornherein zu verschenken. Lehrpersonen sind für Neuerungen viel empfänglicher, wenn sie die Sicherheit guter Lehrmittel haben. Dies bedingt – in Rückbindung an These 2 –, dass die Kursleitungen selbst mit diesen Lehrmitteln glaubhaft umzugehen vermögen. Ein Kurs wird dann erfolgreich, wenn es gelingt, das notwenige Wissen mit Blick auf den Verwendungszusammenhang zu strukturieren.

---

41 Vgl. *Landert/Stamm/Trachsler*, Erprobungsfassung.

These 6: Die Einführung eines neuen Faches benötigt Klarheit und Transparenz.

Die Schweiz funktioniert in vielen Belangen erfrischend pragmatisch. Gerade Bildungsreformen macht man allerdings gerne den Vorwurf, wenig zielorientiert, nicht zu Ende gedacht, vorläufig zu sein – so im vergangenen Jahr der Pädagoge Roland Reichenbach im Magazin des Tagesanzeigers.[42] Über den Sinn von Schulreformen könnte an dieser Stelle umfangreich diskutiert werden, was den Rahmen jedoch sprengen würde. Wichtig erscheint mir jedoch, dass die Einführung eines neuen Faches über ein hohes Mass an Klarheit und Transparenz verfügt. Drei Erfahrungen und Empfehlungen seien erwähnt:

1. Mit E+R hat der Kanton Luzern Neuland betreten. Unsere direkten Nachbarländer und ihre jeweiligen Gefässe sind für die schweizerische Situation wenig hilfreich, weil der konfessionelle Religionsunterricht dominiert (Österreich, Deutschland) oder gar nicht existiert (Frankreich). Vergleichbare didaktische Konzeptionen existieren in Skandinavien und England, vieles muss jedoch der lokalen Situation angepasst werden. Neben fachdidaktischen sind berufspraktische Anliegen gleichermassen zu berücksichtigen. Es empfiehlt sich deshalb, ein Projektteam zusammenzustellen, das religionspädagogisches Know-how und Praxisbezug vereint. Die notwendigen Kurskonzeptionen, Instrumente und Kursunterlagen können so nach fachdidaktischen Standards und gleichwohl zielgruppenorientiert erarbeitet werden.

2. Die Ziele der Kurse müssen in hohem Mass transparent sein. Es empfiehlt sich ein gemeinsam erarbeitetes Kurskonzept, an dem sich sowohl die Kursleitenden als auch die Teilnehmenden orientieren können. Einheitliche Kursausschreibungen, Programme, Teilnahmebestätigungen, Dauer der Kurse usw. schaffen bei Lehrpersonen Sicherheit und Vertrauen.

3. Der Information von Schulbehörden, Schulleitungen und Lehrpersonen ist grosses Gewicht beizumessen. Dabei ist zu berücksichtigen, dass sie täglich eine Flut von Informationen erreicht. Gewisse Informationen müssen deshalb wiederholt kommuniziert werden – sie haben oft nur eine kurze Halbwertszeit. Darüber hinaus lohnt es sich, Informationen auf verschiedenen Kanälen zu kommunizieren: Mündlich im Kurs, schriftlich im Informationsblatt, online auf der Homepage, per Mail als Newsletter. So

---

42 *Beglinger*, Falle.

lässt sich eher gewährleisten, dass das Zielpublikum erreicht wird. Dies gilt übrigens auch für die Elterninformation: Ein Flyer in Kombination mit einer Präsentation für den Elternabend erzielt mehr Resonanz.

Eine Innovation mit Potenzial

Der Beitrag hat versucht, einen Einblick in das Projekt Ethik und Religionen aus der Perspektive des Kantons Luzern zu geben, einige Gelingensbedingungen und Stolpersteine zu formulieren und zukünftige Aufgaben zu skizzieren. Kompetenzorientierung, Profilierung im Blick auf Allgemeinbildung, Komplementarität, Rollenkompetenz, Praxisbezug und Zielklarheit wurden als relevante Ankerpunkte für die Zukunft der fachdidaktischen Entwicklung und die Aus- und Weiterbildung formuliert. Die Evaluation des Luzerner Projekts, die zum jetzigen Zeitpunkt im Gange ist, wird ausserdem den Nachbearbeitungsbedarf ans Licht bringen. Diese Erkenntnisse könnten Eingang finden in die Entwicklung des Lehrplans 21, der der ethischen und religionskundlichen Bildung an der öffentlichen Schule hoffentlich noch einmal einen Innovationsschub versetzen wird. Damit könnte etwas zur Qualitätssteigerung dieses Bildungsbereiches beigesteuert werden. Auch vom Modell 1+1 des Kantons Graubünden sind Aufschlüsse für die Profilierung des neuen Faches zu erwarten.

Der momentane Umbruch der religionspädagogischen Landschaft, den die Deutschschweiz erlebt, birgt die Chancen,

— eine didaktische Innovation voranzutreiben, die in den Nachbarländern nur partiell zu finden ist,
— dem Thema Religion und dem Thema Ethik in der öffentlichen Schule einen angemessenen d. h. pädagogisch gerechtfertigten Platz zu verschaffen,
— gemeinsames Lernen über religiöse und kulturelle Grenzen hinweg zu ermöglichen und gleichzeitig die Integrität der Lernenden zu wahren,
— über die Funktion des konfessionellen Religionsunterrichts aus der Perspektive der Kirchen und Religionsgemeinschaft sowie aus der Perspektive der Gesellschaft nachzudenken.

Diese Chancen sollten wir uns – im Dienste der Kinder und der Gesellschaft – nicht entgehen lassen.

Literatur

Adamina, Marco/Müller, Hans: Lernen und Lehren im Unterricht Natur – Mensch – Mitwelt, in: *dies.:* Lernwelten Natur – Mensch – Mitwelt, Bern 2000.

Baumann, Martin/Stolz, Jörg (Hg.): Eine Schweiz – viele Religionen. Risiken und Chancen des Zusammenlebens, Bielefeld 2007.

Beglinger, Martin: In der Falle. Wie die Schule von Reformwahn und Bildungsbürokratie erdrückt wird, in: Das Magazin, 19/2010.

Bildungsplanung Zentralschweiz: Lehrplan Ethik und Religionen, Luzern 2005.

Dienststelle Volksschulbildung [DVS]: Bericht der Schulaufsicht 2008/2009, Luzern 2009. www.volksschulbildung.lu.ch/index/qualitaetsmanagement/ueberwachung.htm.

Dienststelle Volksschulbildung [DVS]: Überfachliche Kompetenzen. Umsetzungshilfe, Luzern 2009. www.volksschulbildung.lu.ch/index/schulen_zukunft.htm.

Dienststelle Volksschulbildung [DVS]: Ethik und Religionen – Ein neues Fach. Abschlussbericht 2011, Luzern 2011. www.volksschulbildung.lu.ch/ethik-rel_abschlussbericht.pdf.

Dienststelle Volksschulbildung [DVS]: WOST 06: Evaluation zur Einführung. Blockzeiten, Beurteilung, Englisch Primar, Ethik und Religionen, Luzern 2011. www.volksschulbildung.lu.ch/evaluationsbericht-wost06.pdf.

Dienststelle Volksschulbildung [DVS]/Kommission der drei Landeskirchen des Kantons Luzern für Fragen des Religionsunterrichts [KOLARU]: Themenvergleich Kirchlicher Religionsunterricht / Ethik und Religionen auf der Primarstufe im Kanton Luzern, Luzern 2007. www.volksschulbildung.lu.ch/index/ethik_religionen/lehrplan_e-r.htm.

Dressler, Bernhard: Religiöse Bildung zwischen Standardisierung und Entstandardisierung. Zur bildungstheoretischen Rahmung religiösen Kompetenzerwerbs, in: theo-web. Zeitschrift für Religionspädagogik 4 (1/2005) 50–63. www.theo-web.de.

Famos, Cla Reto: Zur Rechtslage eines obligatorischen Religionsunterrichts, in: *Kunz, Ralph u. a.:* Religion und Kultur – Ein Schulfach für alle?, Zürich 2005, 47–64.

Froese, Regine: Zwei Religionen – eine Familie. Das Gottesverständnis und die religiöse Praxis von Kindern in christlich-muslimischen Familien, Freiburg i. Br. 2005.

Grimmitt, Michael: Introduction: The captivity and Leberation of Religious Education and the Meaning and Significance of Pedagogy, in: *ders.:* Pedagogies of Religious Education, Great Wakering 2000.

Grimmitt, Michael: Religionspädagogik im pluralistischen und multikulturellen Kontext, in: Jahrbuch der Religionspädagogik 8 (1992) 36–54.

Helbling, Dominik: Religiöse Herausforderung und religiöse Kompetenz. Empirische Sondierungen zu einer subjektorientierten und kompetenzbasierten Religionsdidaktik, Münster 2010.

Helbling, Dominik/Riegel, Ulrich/Jakobs, Monika: Switzerland: educational pluralism in confessional religious education, in: *Ziebertz, Hans-Georg/Riegel, Ulrich (Hg.):* How Teachers in Europe Teach Religion. An International Empirical Study in 16 Countries, Münster 2009, 227–231.

Heymann, Hans Werner: Zur Einführung: Allgemeinbildung als Aufgabe der Schule und als Maßstab für Fachunterricht, in: *ders. (Hg.):* Allgemeinbildung und Fachunterricht, Hamburg 1997, 7–17.

Jakobs, Monika: Ist Zweigleisigfahren der Dritte Weg? Aktuelle Entwicklungen des schulischen Religionsunterrichts in der Schweiz, in: theo-web. Zeitschrift für Religionspädagogik 6 (1/2007) 123–133. www.theo-web.de.

Jakobs, Monika/Riegel, Ulrich/Helbling, Dominik/Englberger, Thomas: Konfessioneller Religionsunterricht in multireligiöser Gesellschaft. Eine empirische Studie für die deutschsprachige Schweiz, Zürich 2009.

Joas, Hans: Schutz vor dem Aberglauben, in: Zeitzeichen 8 (2007) 35–38.

Kahlert, Joachim: Lebenswelten erschliessen, in: *Kaiser, Astrid/Pech, Detlef:* Neuere Konzeptionen und Zielsetzungen im Sachunterricht. Basiswissen Sachunterricht Bd. 2, Baltmannsweiler 2004, 32–41.

Kaiser, Astrid: Conceptual Change als Impuls für didaktisches Denken, in: *Kaiser, Astrid/ Pech, Detlef (Hg.):* Lernvoraussetzungen und Lernen im Sachunterricht. Basiswissen Sachunterricht Bd. 4, Baltmannsweiler 2004, 126–133.

Kilchsperger, Johannes Rudolf: Religious Education in Switzerland, in: *Elza Kuyk u. a. (Hg.):* Religious Education in Europe. Situation and current trends in schools, Oslo 2007, 199–205.

Landert, Charles/Stamm, Margret/Trachsler, Ernst: Die Erprobungsfassung des Lehrplans für die Volksschule des Kantons Zürich. Bericht über die externe wissenschaftliche Evaluation. Synthese (Teil I) und Materialien (Teil II), Zürich 1998.

Maag Merki, Katharina/Roos, Markus: Erfolgsfaktoren auf dem Weg zur fördernden Schule, in: *Buchen, Herbert/Horster, Leonhard/Rolff, Hans-Günter:* Schulleitung und Schulentwicklung. Erfahrungen – Konzepte – Strategien, Berlin 2003, B 2.2, 1–18.

Mette, Norbert: Religionsunterricht – mehr als Ethik. Sein Beitrag zum Bildungsauftrag der Schule, in: Stimmen der Zeit 5/2010, 303–315.

Moltmann, Jürgen: Erfahrungen theologischen Denkens. Wege und Formen christlicher Theologie, Gütersloh 1999.

Richter Dagmar (Hg.): Gesellschaftliches und politisches Lernen im Sachunterricht, Bad Heilbrunn 2004.

Römisch-katholische Landeskirche des Kantons Luzern/Evanglisch-reformierte Kirche des Kantons Luzern: Lehrplan für den kirchlichen Religionsunterricht auf der Primarstufe im Kanton Luzern, Luzern 2006.

Saner, Hans: Toleranz, Differenzverträglichkeit und Agnostizismus, in: *Mäder, Ueli/Saner, Hans:* Realismus der Utopie. Zur politischen Philosophie von Arnold Künzli, Zürich 2001, 295–410.

Schmid, Kuno/Jakobs, Monika: «Religion» lernen in der Schule? Didaktische Überlegungen für einen bekenntnisunabhängigen schulischen Religionsunterricht im Kontext einer Didaktik des Sachunterrichts, Bern 2011.

Schweitzer, Friedrich: «Religion für alle» – ein religionspädagogischer Kommentar, in: *Kunz, Ralph u. a.:* Religion und Kultur – Ein Schulfach für alle?, Zürich 2005, 161–180.

Schweizer, Friedrich: Wie Kinder und Jugendliche religiöse Differenzen wahrnehmen – Möglichkeiten und Grenzen der Orientierung in der religiösen Pluralität, in: *Bucher, Anton A. u. a. (Hg.):* «In den Himmel kommen nur, die sich auch verstehen». Wie Kinder über religiöse Differenz denken und sprechen, Stuttgart 2009, 39–49.

van der Ven, Johannes/Ziebertz, Hans-Georg: Religionspädagogische Perspektiven zur interreligiösen Bildung, in: *Ziebertz, Hans-Georg/Simon, Werner (Hg.):* Bilanz der Religionspädagogik, Düsseldorf 1995, 259–273.

Wehling, Hans-Georg: Konsens à la Beutelsbach? Nachlese zu einem Expertengespräch, in: *Schiele, Siegfried/Schneider, Herberg (Hg.):* Das Konsensproblem in der politischen Bildung, Stuttgart 1977, 173–184.

Zielenski, Andrea: Erfahrungen im interreligiösen Dialog – Co-Teaching – Identitätenbildungen und Interkulturelles Lernen, in: *Schreiner, Peter/Sieg, Ursula/Elsenbast, Volker (Hg.):* Handbuch Interreligiöses Lernen, Gütersloh 2005, 335–341.

Autorin und Autoren

Christian Cebulj, Dr. theol., ist Professor für Religionspädagogik und Katechetik an der Theologischen Hochschule Chur.

Eva-Maria Faber, Dr. theol., ist Professorin für Dogmatik und Fundamentaltheologie an der Theologischen Hochschule Chur.

Johannes Flury, Dr. theol., ist Rektor der Pädagogischen Hochschule Graubünden und Präsident der Konferenz der Pädagogischen Hochschulen der Schweiz (cohep).

Dominik Helbling, Dr. theol., arbeitete als Projektleiter für die Einführung des bekenntnisunabhängigen Faches Ethik und Religionen im Kanton Luzern und ist in dieser Funktion in der Lehrerinnen-/Lehrerweiterbildung tätig.

Heiner Keupp, Dr. habil., ist emeritierter Professor für Sozial- und Gemeindepsychologie an der Ludwig-Maximilians-Universität München.

Peter Loretz ist Leiter des Ressorts Organisation & Inhalt in der Abt. Berufspraktische Ausbildung an der Pädagogischen Hochschule Graubünden.